부동산 신화는 없다

부동산 신화는 없다 : 투기 잡는 세금 종합부동산세

1판1쇄 펴냄 2008년 9월 8일

지은이 | 전강수·남기업·이태경·김수현

펴낸이 | 박상훈
부대표 | 정민용
편집장 | 안중철
책임편집 | 성지희
편집 | 박미경, 박후란, 최미정
디자인 | 서진
경영지원 | 김용운
제작·영업 | 김재선, 박경춘

펴낸곳 | (주)후마니타스
등록 | 2002년 2월 19일 제300-2003-108호
주소 | 서울 마포구 서교동 464-46 서강빌딩 301호(121-841)
편집 | 02-739-9930, 9929  제작·영업 | 02-722-9960  팩스 | 02-733-9910
홈페이지 | www.humanitasbook.co.kr

인쇄 | 영창인쇄 031-995-7959
제본 | 일진제책사 031-908-1406

값 9,000원

ⓒ 전강수·남기업·이태경·김수현 2008

ISBN  978-89-90106-68-1 03300
      978-89-90106-16-2 (세트)

이 도서의 국립중앙도서관 출판시도서목록(CIP)은 e-CIP홈페이지(http://www.nl.go.kr/ecip)에서
이용하실 수 있습니다(CIP 제어번호: CIP2008002694).

# 부동산 신화는 없다

## 투기 잡는 세금 종합부동산세

우리시대의 논리 **7**

토지+자유 연구소 기획
전강수 · 남기업 · 이태경 · 김수현 지음

# 차례

# 왜 우리는 이 책을 썼나

1.

우리는 매우 구체적이고 실천적인 목적을 위해 이 책을 함께 썼다. 그것은 종합부동산세(이하 종부세)를 포함한 보유세 강화가 우리 사회의 고질병인 토지 투기 문제를 해결하는 데 가장 중요하다는 것을 이론적으로, 그리고 실증적으로 보여 주고자 하는 데 있다.

단순히 세금 문제를 말하려는 것이 아니다. 우리가 대면하려는 문제는 우리 사회 절대다수 구성원을 고통스럽게 하는 망국의 부동산 투기에 대한 것이다. 절대 해결되지 않을 것 같은 이 부동산 투기 문제를 극복할 수 있는 가장 강력하고 효과적인 대안은 현행 종부세를 유지하면서 토지에 대한 보유세를 강화해 가는 데 있다는 점을 밝혀 보려 한다.

2.

부동산 투기가 노리는 것은 불로소득이다. 불로소득이 생기지 않는다면 투기는 일어나지 않는다. 필요 이상으로 부동산을 많이 소유할 필요도 없어진다. 부동산 때문에 일어나는 빈부 격차와 각종 사회경제적 양극화 현상도 사라진다. 불로소득을 환수하면 부동산 불패 신화도 사라진다.

그러면 부동산 불패 신화를 뿌리 뽑을 수 있는 불로소득 환수 장치에는 무엇이 있을까. 그 방법에는 토지보유세, 개발이익 환수, 양도소득세가 있는데, 그중에 경제에 부담을 주지 않고, 투기를 막으면서 오히려 경제를 활성화할 수 있는 가장 좋은 것이 토지보유세 강화다. 그런데 역대 정부에서 내놓은 부동산 정책은 항상 이것을 회피했다. 역대 정부의 부동산 정책은 투기가 기승을 부리면 거래를 막고, 경기가 위축되면 투기를 부추기는 정책의 반복이었다. 보유세 강화를 왜 하지 않느냐는 비판을 하면 그때마다 '조세 저항'이라는 이유를 댔다. 하지만 '조세 저항'은 변명에 불과하다. 오히려 권력과 부를 독점한 소수의 부동산 부자들의 저항 때문에 못했다는 것이 정확한 표현일 것이다. 그러다가 우여곡절 끝에 노무현 정부에서 처음으로 보유세 강화 로드맵이 발표되었고 논란 끝에 그것이 제도화되었는데, 핵심이 바로 종합부동산세로, 종합부동산세는 '보유세 강화'라는 개혁의 첫걸음이라는 큰 의미가 있는 세금이다.

그런데 이명박 정부와 한나라당은 이렇게 의미 있는 종부세를 형해화시키려 하고 있다. 물론 이런 시도는 갑자기 등장한 것이 아니며 이명박의 대통령 후보 시절부터 시작된 것이다. 그는 후보 시절, 조세를 통해 부동산 불로소득을 환수하는 정책에 대해 근거 없는 혐오감을 표출했다. "세금으로 부동산 문제를 해결할 수 없다고 본다"고 주장하는가 하면, "아파트 값을 세금으로 잡는 나라는 전 세계 어디에도 없다"고 단언하기도 했다.

또한 강만수 기획재정부 장관은 국회 재정경제위원회에서 열린 인사청문회에서 "부동산 시장이 안정되면 종합부동산세가 조세원칙에 맞는지에 대한 근본적인 검토가 필요하다"며 직접 종부세 완화를 시사했다. 그는 자신도 종부세 피해자라면서 "노무현 정부 시작할 때보다(보유 중인) 아파트 가격이 3배 정도 뛰었다, 10년 동안 야인으로 있으면서 소득은 없는데 종부세만 냈다"며 종부세에 대한 사적인 감정까지 드러냈다고 한다.

사정이 한결 심각한 것은 최근 들어 종부세를 무력화하려는 한나라당의 의도가 노골화되고 있다는 사실이다. 대표적인 것이 한나라당 이혜훈 의원(서초갑)과 이종구 의원(강남갑)이 제출한 종부세법 개정안이다. 한나라당 이혜훈 의원은 18대 국회가 개원한 2008년 5월 30일 1가구 1주택 보유자에 대해서는 종합부동산세를 면제해 주고, 현행 세대별 합산 과세도 인별 과세로 전환하는 것을 골자로 하는 종부세법 개정안을 제출한 바 있다. 또한 같은 당 이종구 의원은 주택분 종부세의 과세기준을 지금의 6억 원에서 9억 원으로 상향하고 세대별 합산 과세를 인별 과세로 전환하며 종합소득 3,600만 원 이하인 60세 이상 1가구 1주택 소유자로서 주택의 공시 가격이 15억 원 이하인 경우 종부세를 면제토록 하는 것을 핵심으로 하는 종부세법 개정안을 제출했다.

만약 이혜훈 의원과 이종구 의원이 제출한 종부세법 개정안대로 종부세법이 개정되면 종부세는 사실상 폐지되는 셈이다. 왜냐하면 주택분 종부세 과세기준을 지금의 6억 원에서 9억 원으로 상향할 경우 2007년 기준으로 주택분 종부세 과세 대상자 가운데 약 60%가 제외되며, 1주택자를 종부세 과세 대상에서 제외할 경우 약 40%가 면세 혜택을 보기 때문이다. 또한 종부세를 현행 세대별 합산에서 인별 합산으로 바꿀 경우 종부세 납부 대상자는 크게 줄어든다. 여러 명의 세대 구성원 명의로 된 주택은 합산되지 않는데다, 부부 공동 명의로 된 고가 주택 보유자들은 공시 가격 18억 원 이하면 남편과 아내가 각각 9억 원 미만의 주택을 갖는 것으로 간주되기 때문에 종부세 납부 대상에서 자동으로 빠지게 되기 때문이다. 그뿐만 아니라 단독 명의로 고가 주택을 갖고 있는 사람들은 부부 공동 명의 혹은 세대원 공동 명의로 바꾸면 손쉽게 종부세 대상에서 제외될 수 있다. 배우자 증여 방식으로 명의를 변경하는 경우 6억 원까지 증여세를 면제받기 때문에 명의 변경에 대한 부담도 적다. 한편 공시 가격 기준 18억 원이 넘는 주택을 보유한 세대조차 부부 공동 명의로 변경할 경우 종부세 부담이 이전과는 비교할 수 없는 수준으로 줄어들게 되고 3명 이상의 세대원 명의로 변경할 경우는 아예 종부세를 면제받을 수도 있다. 이혜훈 의원과 이종구 의원이 제출한 종부세법 개정안대로 종부세법이 개정되면 주택분 종부세 과세 대상이 전년도 37만 9,000세대에서 5~6만 명 수준으로 격감할 것으로 예상되는 것은 바로 그런 까닭이다.

강·부·자 내각이라는 비판을 받고 있는 이명박 정부도 종부세 무력화에 나선 한나라당의 움직임을 반기는 기색이 역력하다. 이것은 청와대가 "종부세 완화는 대선 공약이었고 인수위 때도 여건이 되면 한다고 했던 것이니 필요하면 적절한 시기에 한다는 것이 일관된 입장"이라고 했던 데에서, 그리고 국회민생안정대책 특별위원회(2008년 7월 28일)에서 강만수 장관이 종부세에 대한 한나라당 의원의 질문에 대해 "조세제도를 부동산 정책에 쓰는 것은, 물론 어느 정도 영향이 있겠지만 적절치 않다" "부동산 투기는 투기대로 막지만, 조세 정책은 원래 고유한 기능으로 써야 한다" "과문한지 모르겠지만 조세 정책을 통해서 부동산 안정을 위한 정책을 쓰는 나라는 선진국에서는 별로 없다"고 답한 사실에서 잘 확인된다.

만일 이명박 정부와 한나라당이 종부세를 완화해서 보유세 강화 정책을 후퇴시킨다면, 그것은 엄청난 정책적 오류가 될 것이다. 단기적으로는 부동산 투기를 재연시킬 가능성이 있고 장기적으로는 부동산 정책을 예전의 냉·온탕식 정책의 수준으로 후퇴시킬 것이기 때문이다. 2004년 연말에 종부세의 내용을 후퇴시키고 난 다음 어떤 일이 벌어졌는지 기억할 필요가 있다. 부동산 투기는 괴물과 같다. 한번 우리를 빠져

나오면 도로 집어넣기가 너무 어렵다. 외국에서도 보유세를 잘못 후퇴시켜서 심각한 경제적 곤란을 겪은 경우가 있다. 미국 캘리포니아의 사례와 덴마크의 사례가 대표적인데, 이것들은 2004년 연말의 종부세 후퇴 경험과 함께 마음속에 깊이 새겨 두어야 할 역사적 사례들이다(전강수·한동근 2002, 6장). 정책은 한번 후퇴시키고 나면 되살리기가 매우 어렵다. 토지공개념 제도를 생각해 보라. 지난 3년 동안 우리 사회 일각에서는 김대중 정부가 전방위적인 부동산 경기 부양 정책을 쓰는 과정에서 사실상 폐지한 이 제도를 좀 더 세련된 형태로 되살리자는 움직임이 있었으나 자칭 보수 언론과 기득권층은 이를 좌파 정책이라고 매도하면서 강력하게 반대했다.

정부 여당 관계자들 중에는 여론의 역풍을 의식해서인지 종부세 완화는 부동산 시장의 안정을 전제로 추진해야 한다는 입장을 피력하는 사람들도 있다. 신중한 듯 보이지만, 결국은 종부세를 완화하겠다는 의도를 갖고 있다는 점에서 걱정스럽기는 마찬가지다. 더욱이 정부 여당 관계자들이 공통적으로 종부세 문제를 부동산 시장의 상황과 연결해 인식하고 있다는 점도 큰 문제다. 보유세 강화 정책은 부동산 시장의 상황에 따라서 왔다갔다 변경해도 되는 단기 정책이 아니다. 그것은 수십 년간 시장 상황이나 정권의 소재에 상관없이 꾸준히 밀고 가야 할 장기 정책이다. 단기 정책은 미시적 금융정책과 국지적 규제 정책 정도로 충분하며, 불가피한 경우 양도세 부담 조절 정책을 추가할 수 있다.

이명박 정부가 장기 정책으로 자리매김해야 할 보유세 강화 정책을 단기적인 시장 안정 대책 정도로 생각해서 무력화하려는 의도를 갖고 있다면, 일찌감치 내려놓는 것이 좋을 것이다. 그것은 부동산 정책의 역사를 거꾸로 돌리는 일이 될 것이고, 이는 역사뿐만 아니라 자신에게도 결국은 해롭게 작용할 것이기 때문이다.

이 책은 이렇게 백척간두에 놓인 종부세가 우리나라의 고질병인 부동산 투기를 막는 데 꼭 필요한 제도임을 강조하고 또 강조하기 위해 쓰였다. 독자들이 이 책을 정독한다면, 이데올로기의 베일을 벗은 있는 그대로의 종부세를 만나게 될 것이고, 지난 몇 년간 보수 언론을 통해 여과 없이 전파되었던 부동산 시장 만능주의자들의 주장에 얼마나 많은 허구와 왜곡이 들어 있는지 분명하게 확인하게 될 것이며, 종부세가 부동산 시장 안정과 국민경제 발전에 얼마나 중대한 역할을 하는지 알게 될 것이다.

모쪼록 이 작은 책이 종부세를 둘러싼 수많은 오해들을 불식시키고 종부세에 대한 합리적 이해를 높이는 데 기여했으면 한다.

3.

이 책은 2007년 11월에 출범한 '토지+자유 연구소'의 첫 번째 작품이다. 연구소를 시작하게 된 배경에는, 현재 시장 만능주의가 한국 사회를 장악했다는 현실 인식이 있다. 시장 만능주의는 빈부 격차가 심해져도, 부동산 투기가 발생해서 수많은 국민이 고통을 당해도, 고용이 불안해도 모든 것을 시장에 맡겨야 한다고 주장한다. 이런 주장은 어느새 학계와 언론계, 심지어 종교계까지 장악해 버렸다. 이대로 가다가는 우리 사회가 시장 만능주의의 늪에 빠져 헤어 나올 수 없게 될지도 모른다. 조만간 전개될 통일 과정 또한 시장 만능주의가 제시하는 길을 따라 진행될 수밖에 없을 것이다. 본 연구소는 시장을 존중하는 것에는 기본적으로 동의하지만, 토지 제도만큼은 철저하게 공공성의 기초 위에 세워져야 한다고 본다.

본 연구소는, 이런 생각에 동의하는 법학·경제학·정치학·도시계획학·신학 등의 다양한 학문 분야의 전문가들이 연구위원으로 참여하고 있다. 연구소는 앞으로 10년간 100권의 수준 높은 연구 보고서를 낼 생각이다. 이 작업이 중단되지 않고 꾸준히 추진된다면 우리 사회의 부동산 문제 인식을 올바로 성숙시키는 데 일조하고, 더 나아가서 우리나라 부동산 정책을 정의롭게 개혁하는 데 밑거름이 될 것으로 생각한다.


4.

원고를 읽고 유익한 논평을 해주고 사실상 교정까지 봐주신 본 연구소 연구위원 경북대 김윤상 교수님과 이정우 교수님께 깊이 감사드린다. 두 분과 같은 든든한 선배를 둔 우리는 참 복 받은 사람들이다. 유익한 토론을 통해 원고 작성에 도움을 주신 영남대 한동근 교수님(본 연구소 연구위원)께도 감사드린다. 원고 중의 그림 작성을 위해 수고한 '성경적 토지 정의를 위한 모임'의 안정권 간사에게도 감사의 뜻을 전한다.


2008년 9월 필자 일동

# 1장. 보유세 강화, 왜 필요한가

## 1 참 좋은 세금, 보유세

부동산 불로소득에 사로잡힌 대한민국

우리는 이상한 나라에 살고 있다. 사람이 만든 물건의 가격은 시간이 가면 떨어지기 마련인데도 집값은 오른다고 믿는 사람들이 많은 나라. 기업이 일자리를 많이 제공해 주기를 바라면서도 그 기업들이 생산적 투자와는 무관한 부동산에 관심을 가져도 이상하게 생각하지 않는 나라. 부동산 값의 양극화로 서울 사람들은 가만히 앉아서 부자가 되고 지방 사람들은 지은 죄도 없이 가난뱅이가 되어 가도 그냥 넘어가는 나라. 직장인들이 모이면 이구동성으로 부동산 이야기에 몰두하면서도 고위 공직자 후보가 부동산을 많이 갖고 있다는 소식에는 격분하는 나라. 수도권 아파트 분양에 전국 곳곳의 사람들이 몰려드는 기현상이 일어나는 나라. 부동산 값 폭등을 잡지 못했다는 이유로 정권을 비판하면서도 자기 지역 부동산 값 올려주겠다는 국회의원 후보를 당선시키는 나라. 부동산 값이 폭등할 때는 정부의 모든 수단을 동원해 가격 안정에 나서다가도 부동산 시장이 조금이라도 침체 기미를 보이면 바로 부양책을 실시하는 나라. 부동산 투기를 근절할 수 있는 중요한 정책에 대해 온갖 말도 안 되는 논리를 동원해서 공격하는 신문들이 승승장구하는 나라.

땅은 이용해서 살아가라고 하늘이 사람에게 주신 것이다. 집은 사람이 살기 위해 짓는 것이다. 그런데, 원래 이용 대상이 되어야 할 것들이 왜 투자(정확히 말하면 투기)의 대상이 되어 버렸을까? 그 이유는 바로 부동산을 가지면 막대한 불로소득을 얻을 수 있기 때문이다. 직장인들이 모이면 부동산 이야기에 몰두하는 것은 불로소득 때문이다. 기업들이 생산적 투자는 하지 않고 부동산 구입에 열을 올리는 것도, 지방 사람들이 수도권의 부동산에 관심을 갖는 것도 불로소득 때문이다. 고위 공직자 후보들이 하나같이 부동산을 많이 보유하고 있는 것도, 주기적으로 온나라가 부동산 투기의 광풍에 휩쓸리는 것도 모두 불로소득 때문이다.

부동산 문제는 투기하는 사람을 잡아내고 부동산 값이 오르는 지역에 각종 규제를 가해서 오르는 가격을 직접 통제하면 해결된다고 많은 이들이 생각한다. 그러나 가지고 있기만 해도, 매매하기만 해도 노력과 무관하게 생기는 불로소득이 있다면 어떤 형태로든 부동산 문제는 발생할 수밖에 없다. 따라서 부동산 정책은 투기하는 개인과 기관을 쫓아

다닐 것이 아니라, 그들이 노리고 있는 불로소득을 제도적으로 차단하는 데 초점을 맞추어야 한다. 이는 썩은 음식물이 있으면 파리가 꼬이는데, 파리를 없애는 가장 좋은 방법은 파리를 잡으려고 파리채를 들고 설치는 것이 아니라, 파리가 들끓는 원인인 썩은 음식을 치우는 것과 같은 이치다.

## 토지보유세, 최선의 불로소득 근절책

많은 사람이 부동산 문제가 건물에서 발생하는 것으로 생각하지만, 사실은 토지에서 발생한다. 건물 자체는 나날이 낡아 가도 건물 전체 가격은 상승하는 경우가 많은데, 이는 바로 그 건물이 입지한 토지의 가치가 상승하기 때문이다. 강남의 아파트 값 폭등은 아파트 건물 자체가 아니라 강남이라는 좋은 '위치'location에 대한 사람들의 열망을 반영한다. 잘 알다시피 '위치'는 건물이 아니라 토지의 본질적 요소다. 따라서 부동산 불로소득도 본질적으로 토지 불로소득이다.

따라서 여기서는 토지를 예로 들어 불로소득 문제를 따져 보기로 하자. 토지사유제하에서 토지를 갖고 있으면 두 가지 소득을 얻을 수 있다. 하나는 지대(토지의 임대 가치)이고 다른 하나는 지가 차액이다. 고전학파 경제학자들은 지가 차액은 물론이고 지대까지 불로소득으로 간주했다.

자본가나 노동자와는 달리 지주는 생산 과정에서 아무 역할도 하지 않고 기생충처럼 지대를 수취한다고 보았기 때문이다.

그러나 토지를 자산의 하나로 인정하게 되면 이야기가 조금 달라진다. '지대＋지가 차액' 전부가 아니라, 그중 사회의 평균 자산 수익(이자 소득)을 초과하는 부분을 불로소득으로 간주하는 것이 합리적이다. 즉, '토지 불로소득＝지대＋지가 차액－이자소득'이 되는 것이다. 다른 자산에 투자했을 때 얻을 수 있는 수익은 지주의 것으로 인정해 준다는 말이다.

토지 불로소득을 어떻게 정의하든, 그것을 차단하는 최선의 방법은 토지보유세를 징수하는 것이다. 그런데 대부분의 사람들은 보유세보다는 양도세를 더 선호하는 경향이 있다. 왜냐하면 불로소득의 크기가 눈에 확 들어오기 때문이다. 3억에 집을 샀다가 7억에 팔면 4억이라는 양도 차익(토지의 경우 지가 차액)이 발생했으니 그것을 환수하면 불로소득을 확실히 차단할 수 있지 않겠느냐는 것이다. 그래서 대한민국 역대 정부도 부동산 투기가 발생할 때는 양도세를 강화해서 대처하는 경우가 많았다.

이처럼 양도소득세는 토지 불로소득을 환수하기는 하지만, 동결 효과lock-in effect, 즉 부동산의 매각을 꺼리게 만들어서 거래를 위축시키는 단점이 있다. 투기 목적으로 소유한 부동산을 시장에 내놓도록 해서 부동산 시장을 실수요자 중심으로 재편해야 하는데, 투기적 목적의 소유자들이 양도소득세 부담 때문에 부동산을 매각하지 않고 그대로 보유할 수 있다는 이야기다. 또한 정책의 신뢰도가 떨어지면, 양도세를 강화했다 하더라도 부동산 과다 소유자들은 그것이 조만간 완화될 거라 믿으며 기다리게 된다.

더구나 우리나라에서는 1가구 1주택의 경우 6억 원을 넘지 않는 한 양도세를 부과하지 않는다. 농지의 경우도 8년 이상 스스로 경작한 경우에는 양도세를 대폭 감면해 주고 있다. 때문에 주택 거래의 90% 이상은 양도세와 무관해, 양도세만의 투기 억제 대책은 한계가 있을 수밖에 없다.

반면 토지보유세는 직접적으로 토지 소유자의 지대 소득을 줄인다. 나아가 그것은 부동산 보유 비용을 높여서, 투기적 목적으로 부동산을 보유하는 것을 억제함으로써 부동산 가격을 하락시킨다. 즉 지가 차액도 줄이는 것이다. 이처럼 토지보유세는 토지 불로소득을 차단하면서도 동결 효과와 같은 부작용을 수반하는 일은 없다. 정책의 신뢰도만 확실하다면 투기 목적으로 부동산을 소유하고 있는 사람들이 매각하지 않고 버티는 일은 일어나지 않을 것이다.

따라서 토지보유세 중심으로 부동산 조세를 징수하는 것이 토지 불로소득을 차단하는 최선의 방법이라 할 수 있는데, 문제는 보유세의 부담이 낮은 경우 단기간에 급격하게 강화하기는 어렵다는 사실이다. 그래서 토지보유세가 충분히 강화되기 전까지는 양도세 강화를 병행 실시하는 것이 불로소득 환수에 효과적이다. 그 외에 행정 관청의 개발 관련 인·허가로 인해 국지적으로 발생하는 토지 불로소득은 개발이익 환수 장치로 대처하는 것이 바람직하다.

노무현 정부 부동산 정책에 대해 조중동 등 보수 언론들은 전방위적 공격을 가했지만, 그중에서도 특히 보유세 강화 정책에 대한 공격은 정말 집요했다. 역설적이지만 이런 기득권층의 대응 방식을 통해 우리는 토지보유세 강화가 최선의 불로소득 근절책임을 확인할 수 있다.


## 보유세 강화의 효과

토지보유세를 강화했을 때 일어날 수 있는 여러 가지 바람직한 경제적 변화 중 대표적인 것 몇 가지만 지적해 두기로 하자.

첫째, 부동산 불로소득이 줄어들고 투기가 근절될 것이다. 부동산 값은 지금보다 훨씬 낮은 수준으로 떨어져서 안정될 것이며, 부동산 값의 안정은 거시 경제 전체의 안정으로 이어질 것이다.

둘째, 토지보유세가 강화되면 토지를 투기적으로 보유하면서 저사용 상태로 방치하는 경향은 사라질 것이다. 그에 따라 토지 이용의 효율성이 높아질 것이다. 그간 토지의 투기적 보유는 쓸모 있는 땅을 유휴화해 도시의 무질서한 확대와 그로 인한 환경 파괴를 불러왔다. 토지보유세 강화는 중심지의 토지 이용의 효율성을 높여서 무분별한 도시 개발과 환경 파괴를 방지할 것이다.

셋째, 소득과 부동산의 분배가 지금보다 훨씬 평등해질 것이다. 부동산 불로소득이 차단되기 때문에 그로 인해 빈부 격차가 확대되는 현상은 억제될 것이다. 토지와 부동산을 투기 목적으로 과다하게 보유하고 있던 사람들이 보유 부동산을 내놓게 될 것이므로 부동산의 분배 또한 크게 개선될 것이다. 지역별, 부동산 종류별로 가격 상승이 다른 양상으로 전개되는 일도 사라질 것이므로 부동산의 지역 간 양극화, 보유 부동산 종류 간 양극화도 완화될 것이다. 이런 형태의 양극화가 진행된다는 것은 수도권과 지방 사이에, 단독주택과 아파트 사이에, 그리고 우리 사회 곳곳에 눈에 보이지 않는 진입 장벽이 생긴다는 것을 의미한다. 토지 보유세가 강화되면 이와 같은 눈에 보이지 않는 진입 장벽들은 철폐될 것이다.

넷째, 불로소득 획득 가능성이 줄어들기 때문에 노동자들의 근로 의욕과 기업가들의 투자 의욕, 그리고 사회 전체의 저축 의욕이 높아질 것이며, 따라서 경제 활성화에도 기여하게 될 것이다.

토지보유세 강화는 단지 괜찮은 세금 하나 강화하는 정도의 정책이 아니다. 토지보유세 수입은 경제에 부담을 주는 다른 세금들을 감면하는 데 사용하거나 복지 비용으로 사용할 수 있다. 이 또한 경제 전체의 효율성을 높이고 분배 불평등을 해소하는 효과를 발휘할 것이다. 가능하다면 토지보유세 강화는 다른 세금 감면 정책(혹은 복지 정책)과 패키지로 묶어서 추진하는 것이 좋다. 이 방식은 토지보유세 강화에 따르기 마련인 조세 저항을 누그러뜨리는 데도 효과가 있을 것이다.

물론 토지보유세에는 여러 가지 형태가 있고 그 형태에 따라 경제적 효과도 달라진다. 이론적으로 볼 때 최선의 토지보유세는 지대 혹은 지가를 대상으로 해 전국 토지에 균일하게 단일 세율로 부과되는 세금이다. 그러나 현실의 토지보유세는 이런 이상적인 내용을 갖추지 못하는 경우가 많다. 우리나라의 현행 보유세도 이상적인 토지보유세가 아니다. 즉, 토지 용도별로 다른 세율이 적용되고 있고, 누진세 방식으로 부과되고 있으며, 주택의 경우 토지보유세가 아니라 부동산(토지＋건물)보유세가 부과되고 있다.

그러나 이는 특별한 사실이 아니고 이론을 현실에 적용할 때 언제나 생기는 일이다. 전 세계적으로 이상적인 토지보유세를 부과하고 있는 나라는 없다. 이상적인 토지보유세를 그대로 현실에 적용하기 어렵게 만드는 현실적 조건으로는 토지 보유자들의 조세 저항, 토지와 건물을 구별하지 않는 관행, 토지 가치의 분리 평가의 어려움 등을 들 수 있다. 하지만 이처럼 현실 적용 과정에서 변용된다 할지라도 토지보유세가 갖는 장점은 상당 부분 남는다는 점은 기억할 필요가 있다. 물론 현실의 정책을 더욱더 이상에 맞게 개혁하려는 노력은 계속되어야 한다.

## 세금 중 최선의 세금, 토지보유세

세금이라고 해서 다 같은 것은 아니다. 세금에는 '좋은 세금'도 있고 '나쁜 세금'도 있다. 따라서 총 세수 목표가 동일하다 할지라도 어떤 세금들로 그 목표를 달성하느냐에 따라 경제적 영향은 크게 달라진다. 그래서 경제학자들은 오래전부터 '좋은 세금'인지 '나쁜 세금'인지 가리는 기준을 만들기 위해 노력해 왔다. 경제학에서는 그 기준을 '조세원칙'이라고 부른다.

조세원칙은 학자에 따라 천차만별이라 한 가지로 확정하기가 어렵지만, 다음의 조건을 갖춘 조세라면 모든 경제학자들이 최선의 세금이라고 본다. ① 조세가 생산에 주는 부담이 가능한 한 적을 것(중립성), ② 조세의 징수가 쉽고 비용이 적게 들 것(경제성), ③ 조세가 확실성을 가질 것, 즉 공무원의 재량의 여지가 적고 투명할 것(확실성), ④ 조세 부담이 공평할 것(공평성).

토지보유세는 제대로 설계할 경우, 이 네 가지 조건을 모두 충족하는 것으로 알려져 있다. 즉, 토지보유세는 생산에 전혀 부담을 주지 않을 뿐만 아니라 토지의 효율적 사용을 촉진하고, 조세의 징수가 쉽고 비용이 적게 들며, 부동산은 어디 숨길 수 없기 때문에 확실성이 담보되고, 사회로부터 받은 혜택의 대가를 징수하는 것이기 때문에 부담이 공평하게 돌아간다.

여기서 경제학자들이 실제로 토지보유세를 어떻게 생각하는지 잠깐 살펴보는 것이 좋을 것 같다.

세금 가운데 가장 덜 나쁜 것['모든 세금은 나쁘다'는 전제가 깔려 있음: 인용자]은 오래전 헨리 조지(Henry George)가 주장한바, 미개량 토지의 가치에 부과되는 재산세다.[1]

토지 사용자가 단 한 번 값을 치르고 무한정한 기간의 권리를 획득하도록 허용해서는 안 된다. 효율성을 위해, 적절한 세입을 위해, 그리고 정의를 위해, 모든 토지 사용자는 다른 사람들이 그 땅을 사용하지 못하도록 혼자 점유한 토지의 현행 임대 가치만큼의 값을 지역 정부에 매년 납부하도록 해야 한다.

누구의 말일까? 앞의 말은 밀턴 프리드먼Milton Friedman의 말이고, 뒤의 말은 로버트 솔로Robert M. Solow의 말이다. 두 사람 모두 노벨경제학상을 받았다. 특히 프리드먼은 정부의 개입을 극도로 싫어하는 시카고학파의 거두다. 이들의 주장을 종합하면, 토지 가치에 부과되는 보유세가 가장 나은 세금이며 이를 제대로 부과하는 것은 효율성과 정의, 그리고 세입 확보 등의 측면에서 바람직하다는 말이 된다. 또 다른 노벨경제학상 수상자 프랑코 모딜리아니Franco Modigliani는 다음과 같이 말한다.

1 이정전 외 2005, 96-97에서 재인용. 이하 모두 동일하다.

지대를 정부 수입의 근원으로 존속시키는 것은 중요한 문제다. 땅을 훌륭하게 사용할 수 있는 사람들인데도 토지 매입 가격을 지불할 돈을 모을 수 없는 경우도 있다. 매년 지대를 징수하면 신용 대부를 받기 어려운 사람들도 땅을 사용할 수 있게 된다.

오늘날 우리나라에서 이와 유사한 말을 하면서 토지보유세를 강화하자고 제안하면, 자칭 보수 언론들이나 부동산 시장 만능주의자들은 당장 사회주의적 발상이라느니 자본주의 질서를 부인하는 주장이라느니 하면서 들고 일어나지만, 위의 발언을 한 학자들이 모두 주류 경제학을 대표하는 사람들이라는 점에 주목해야 할 것이다.

좀 더 거슬러 올라가서, 고전학파 경제학자들의 이야기를 보더라도 이와 크게 다르지 않다.

지대rent는 많은 경우 그 소유자가 관심이나 주의를 전혀 기울이지 않고도 향유할 수 있는 수입이다. 따라서 지대는 그 위에 부과되는 특수한 조세를 가장 잘 감당할 수 있다.

시장주의의 원조, 애덤 스미스Adam Smith의 말이다. 분명히 토지 불로소득에 과세하는 것을 지지하고 있다. 고전학파 경제학을 집대성한 것으로 평가받는 존 스튜어트 밀John Stuart Mill은 스미스보다 더 적극적이다.

지주들은 일하지 않고도, 위험을 감수하지 않고도, 혹은 절약하지 않고도 잠자는 가운데도 더 부유해진다. 전 사회의 노력으로부터 발생하는 토지 가치의 증가분은 사회에 귀속되어야 하며 소유권을 갖고 있는 개인에게 귀속되어서는 안 된다.

요컨대 조세원칙을 기준으로 평가해서도 그렇고, 주류 경제학의 대가들의 관점에서도 토지보유세는 꼭 필요한 최선의 세금 중 하나다. 그런데, 역대 정부는 어째서 이런 좋은 세금을 강화하지 못했을까?

## 2 역대 정부의 보유세 정책[2]

### 노무현 정부 이전의 보유세 강화 노력: 좌절의 연속

역대 정부의 부동산 조세정책을 검토하면 1980년대 후반을 계기로 새로운 움직임이 나타난다는 것을 확인할 수 있다. 그것은 바로 토지보유세를 강화하려는 움직임이다. 민주화 이후 불로소득을 차단해 부동산 문제를 근본적으로 해결하라는 시민들의 요구가 강해지자 정치권에서도 이를 어떤 식으로든 반영하려고 노력하지 않을 수 없었다. 1989년

---

**2** 전강수(2007)에 의존한 바가 크다.

경제정의실천시민연합(약칭 경실련)이 출범해서 토지보유세 강화를 강력하게 요구했던 것도 큰 영향을 미쳤다.

그러나 노무현 정부 전까지 이런 정책적 노력은 모두 좌초하고 만다. 토지공개념 제도까지 도입했던 노태우 정부조차 토지보유세를 강화하는 데는 실패했다. 노태우 정부는 1989년 12월 종합토지세를 도입하면서 15% 수준에 불과했던 과표 현실화율을 계속 높여 1994년까지 60% 수준으로 올리겠다는 '과표 현실화 5개년 계획'을 수립했지만, 1991년에 들어와 갑자기 포기해 버렸다. 그뿐 아니다. 1990년 3월 당시 정부와 민자당은 종합토지세제를 시행해 보기도 전에 세율을 인하하는 법률 개정안을 마련해 통과시켰다(이정우 2002, 206; 국정브리핑특별기획팀 2007, 105-106).

1993년 4월 김영삼 대통령은 "부동산을 가지고 있는 것이 고통이 되도록 하겠다"며 공시지가의 21% 수준이던 종합토지세의 과표를 단계적으로 올려 1996년부터는 아예 공시지가로 전환하겠다는 계획을 발표했으나 이 역시 흐지부지됐다(국정브리핑특별기획팀 2007, 106). 역사상 초유의 전방위적인 부동산 경기 부양책을 실시했던 김대중 정부도 초기에는 경제 정의의 실현을 중요 정책 목표로 제시하면서 그 일환으로 토지보유세를 강화해 토지 불로소득을 공적으로 징수한다는 방침을 천명했다. 그러나 이 방침은 경제 위기를 극복한다는 명분하에 점점 관심의 대상에서 멀어지더니 마침내 무기한 연기하는 것으로 결정되고 말

왔다.

보유세를 강화하는 대신 거래세를 인하해야 한다는 것이나 보유세 강화는 토지세를 중심으로 해야 한다는 것은 학계에서는 오래전부터 거의 합의된 사항이다. 학계의 지지가 있고 정권 담당자의 의지가 있었음에도 토지보유세 강화가 실현되지 못하고 매번 후퇴한 것은 기득권층의 저항 때문이다.

흔히 1990년대 토지공개념 제도가 매우 강력한 부동산 정책이었다고 기억하고 있지만, 당시 기득권층은 종합토지세의 도입과 과표 현실화를 훨씬 더 부담스럽게 받아들이고 있었다(이은진 1993). 실제로 1991년 내무부가 과표 현실화 계획을 포기하면서 내세운 이유는 "토지소유주들의 엄청난 조세 저항이 우려된다"는 것이었다(이정우 2002, 206).


## 보유세 강화의 첫걸음을 내디딘 노무현 정부

노무현 정부의 부동산 정책에 대해서도 실패로 보는 견해가 많지만 역대 정부의 정책과 비교할 때 질적으로 진일보했음을 확인할 수 있다. 노무현 정부는 불황기에도 부동산 경기 부양책을 쓰지 않은 것, 부동산 과다 보유자에 대해 양도세를 강화한 것, 부동산 거래의 투명성을 높인 것, 서민용 장기임대주택 공급 확대를 추진한 것, 토지 소유 분포 통계를 대한민국 역사상 최초로 공개한 것 등의 측면에서 역대 정부보다 상대적으로 뛰어난 부동산 정책을 추진해 왔다고 평가할 수 있다. 그러나 노무현 정부 부동산 정책에서 무엇보다도 큰 의미를 갖는 것은 민주화 이후 역대 정부에서 추진하다가 매번 실패했던 보유세 강화 정책을 실행에 옮겼다는 점이다.

노무현 정부는 2003년과 2004년의 경우 과표 현실화를 통해, 2005년부터는 부동산보유세 체계의 개편과 과표 적용률[3] 인상, 공시지가 시가 반영 비율 인상을 통해 보유세를 강화하고자 했다. 2004년 연말에 국회를 통과한 보유세 관련 법안들은 보유세 체계를 개편하기는 했지만 보유세 강화의 효과를 발휘하기에는 역부족이었다. 정부 원안이 입법화 과정에서 크게 후퇴했기 때문이다.

하지만 얼마 지나지 않아 노무현 정부는 다시 보유세 강화 정책을 적극적으로 추진하기 시작했다. 2005년의 '5·4대책'에서는 우리나라 역사상 처음으로 보유세 강화의 장기 목표와 시간 계획이 제시되었으며,[4] 같은 해 나온 '8·31대책'에서는 과세 기준의 인하(주택의 경우 공시 가격 9억 원 → 6억 원, 토지의 경우 공시지가 6억 원 → 3억 원), 과표 적용률의 인상, 세대별 합산 과세, 세 부담 상한 조정 등을 통해 종합부동산세를 강화하려 했

---

3 과표 적용률이란 공시 가격으로부터 과표를 계산해 내기 위해 적용하는 비율을 가리킨다. 2008년 현재 우리나라 재산세의 과표는 공시 가격의 55%로 잡고 있는데, 이 55%가 바로 과표 적용률이다. 현재 한나라당은 이를 2007년 수준인 50%로 낮추려는 계획을 가지고 있다.
4 보유세 실효세율을 2003년 0.12%, 2008년 0.24%, 2013년 0.5%로 점차 인상해 2017년에는 1.0% 수준으로 끌어올린다는 장기 계획이 발표되었다.

〈표 1〉 과표 적용률의 변화 (단위 : %)

| 연도 | 90 | 93 | 97 | 98 | 99 | 00 | 01 | 02 | 03 | 04 | 05 | 06 | 07 | 08 |
|------|------|------|------|------|------|------|------|------|------|------|------|------|------|------|
| 적용률 | 15.0 | 21.3 | 30.5 | 29.2 | 29.3 | 32.2 | 32.4 | 33.3 | 36.1 | 39.2 | 50.0 | 50.0 (70.0) | 50.0 (80.0) | 55.0 (90.0) |

주 : ( ) 안의 수치는 종합부동산세의 경우.
자료 : 행정자치부(손낙구 2005에서 재인용 후 보완).

다. 동시에 종부세 과세 기준 이하에 대해 부과되는 재산세도 과표 적용률의 인상 등을 통해 점진적으로 강화한다는 방침이 발표되었다. '8·31 대책'은 정부 원안대로 입법화되어 현재 시행 중이다.

〈표 1〉에서는 1990년 이후 공시지가 대비 과표 현실화율(즉 과표 적용률)이 어떻게 변해왔는지 확인할 수 있다. 이에 의하면 이 비율을 60%까지 끌어올리겠다고 약속했던 노태우 정부는 기껏 20% 수준으로 끌어올리는 데 그쳤고, 100%까지 끌어올리겠다고 약속했던 김영삼 정부도 30% 수준으로 끌어올리는 데 그쳤다. 그 후 김대중 정부 때는 이 비율이 30% 전후를 등락하는데 이는 과표를 현실화하려는 노력을 아예 하지 않았음을 의미한다.

노무현 정부는 임기 시작과 함께 과표를 현실화하려는 노력에 착수했다. 2002년에 33.3%였던 과표 적용률을 2003년에는 36.1%로, 2004년에는 39.2%로 끌어올렸고, 2005년에는 보유세제 개편과 함께 보유세의 과표 적용률을 50%로 끌어올렸다. 2006년에는 재산세의 과표 적

| 연도별 | 2000 | 2001 | 2002 | 2003 | 2004 | 2005 |
|--------|------|------|------|------|------|------|
| 반영 비율 | 54% | 55% | 56% | 67% | 76% | 91% |

자료 : 건설교통부(손낙구 2005에서 재인용).

용률은 50%로 유지되었지만, 종합부동산세의 과표 적용률은 70%로 대폭 인상되었다. 이때 노무현 정부는 과표 적용률 인상 계획을 아예 법률 가운데 명기했다. 현행 법률(지방세법과 종합부동산세법)에 의하면, 보유세의 과표 적용률은 100%에 도달할 때까지 계속해서 인상(재산세는 매년 5%씩, 종합부동산세는 매년 10%씩)되도록 설계되어 있다.

　노무현 정부는 과표 적용률을 끌어올리는 데 그치지 않고 공시지가의 시가 반영 비율도 높인 바 있다. 즉, 2000년에 54%에 그쳤던 공시지가의 시가 반영률을 2003년에 67%로, 2004년에 76%로, 2005년에는 91%로 끌어올린 것이다(〈표 2〉). 이처럼 과표 적용률과 공시지가의 시가 반영률을 동시에 인상하면 보유세 과표는 점점 시가에 근접하게 된다. 과표 구간이나 세율에 변화가 없었다면 이것은 보유세를 엄청나게 강화시켰겠지만, 2005년 보유세제 개편과 함께 과표 구간이나 세율 구조에 변화가 있었고 세 부담 증가 상한을 설정했기 때문에 실제 보유세 강화 정도는 엄청난 수준은 아니었다.

## 보유세 세수를 통해서 본 역대 정부 보유세 정책의 성과

〈표 3〉은 1986년 이후 보유세 비중의 변화 추이를 보여 주고 있는데, 이것을 보면 1980년대 후반 이후 우리나라 정부의 보유세 정책이 어떤 성과를 거두었는지 확인할 수 있다.

노태우 정부와 김영삼 정부의 과표 현실화 정책은 별 성과가 없었다는 사실이 드러난다. 1991~96년 사이에 부동산세, 지방세, 조세총액에서 보유세가 차지하는 비중이 모두 상승하지만, 그 정도가 미미할 뿐 아니라 1986년과 비교할 때 '보유세/조세총액' 비율만 올라갈 뿐 '보유세/부동산세', '보유세/지방세' 비율은 크게 떨어진 것으로 나타나기 때문이다.

더욱이 김대중 정부의 임기 중에는 세 비율이 모두 급격히 떨어지고 있다. 1996~2002년 사이에 보유세가 부동산세에서 차지하는 비중은 27.7%에서 21.5%로, 지방세에서 차지하는 비중은 15.6%에서 11.1%로, 조세총액에서 차지하는 비중은 3.3%에서 2.6%로 하락한다. 이는 김대중 정부 임기 중에는 사실상 보유세 완화가 진행되었음을 의미한다. 이로 인해 보유세의 비중은 과표 현실화가 추진되기 이전보다 더 못한 수준으로 떨어져 버렸다. 김대중 정부는 역사상 유례없는 전방위적인 부동산 경기 부양책을 썼다는 점뿐만 아니라 토지 불로소득 차단에 가장 좋은 제도적 장치인 보유세의 후퇴를 방치했다는 점에서 부동산 정책에 관한 한 최악의 평가를 면하기 어렵다.

이에 비해 노무현 정부의 보유세 강화 정책은 상당한 성과를 거둔 것으로 보인다. 2002년 각각 21.5%, 11.1%로 떨어졌던 '보유세/부동산세', '보유세/지방세' 비율이 2006년에 각각 30.5%, 16.6%로 크게 상승했고, 특히 '보유세/조세총액' 비율은 3.8%로 상승해 1986년 이후 최고의 수치를 기록했다. 당시 확정된 로드맵이 기득권층의 조세 저항에 밀려 후퇴하지 않고 그대로 실행된다면 앞으로도 이 세 비율은 계속 상승할 것이다.

노무현 정부의 보유세 강화 정책이 종합부동산세 도입 과정에서 한 차례 크게 후퇴했고 그것이 2004년 내내 하향 안정화 추세를 보였던 부동산 시장에 다시 불을 붙였다는 것은 잘 알려진 사실인데, 〈표 3〉에 이 같은 정책적 후퇴의 결과도 드러나 있다. 2년 연속 상승하던 '보유세/부동산세', '보유세/지방세', '보유세/조세총액' 비율이 2005년에는 모두 조금씩 떨어지거나 정체되어 있으며, 전년도 대비 전체 보유세 세수의 증가분도 2,163억 원에 불과하다. 더욱이 공동시설세 등 부가세를 제외하고 비교해 보면 보유세 세수는 증가하기는커녕 오히려 207억 원 감소한 것으로 나타난다. 많은 사람이 종합부동산세가 부과되어 세금 부담이 엄청나게 늘어난 것으로 생각하고 있지만, 사실은 전혀 그렇지 않았던 것이다. 도입 첫해의 종합부동산세는 '종이호랑이세'에 불과하다는 비판을 받았는데 위의 결과는 그 비판이 옳았음을 증명해 준다.

〈표 3〉 보유세 비중의 변화 추이 (단위 : 억 원, %)

| 연도 | 1986 | 1991 | 1996 | 2001 | 2002 | 2003 | 2004 | 2005 | 2006 |
|---|---|---|---|---|---|---|---|---|---|
| 조세총액 | 154,161 | 383,549 | 823,549 | 1,224,577 | 1,354,935 | 1,477,971 | 1,519,974 | 1,634,426 | 1,793,374 |
| 지방세 | 18,098 | 80,351 | 173,947 | 266,649 | 315,257 | 331,329 | 342,017 | 359,769 | 412,937 |
| 부동산세 (①+②) | 12,013 | 46,272 | 98,166 | 126,993 | 162,743 | 169,682 | 167,814 | 183,485 | 224,552 |
| ① 보유세 | 4,343 | 12,065 | 27,217 | 33,301 | 34,919 | 39,154 | 46,995 | 49,158 | 68,382 |
| 재산세 | 2,658 | 2,755 | 5,323 | 7,632 | 8,175 | 9,034 | 10,178 | 25,874 | 31,227 |
| 공동시설세 | 446 | 1,055 | 2,397 | 3,509 | 3,749 | 4,109 | 4,648 | 4,464 | 5,162 |
| 도시계획세 | 1,239 | 3,073 | 6,972 | 8,510 | 8,938 | 9,985 | 11,853 | 13,525 | 16,062 |
| 종토세 | - | 5,182 | 12,525 | 13,650 | 14,057 | 16,026 | 20,316 | - | - |
| 종부세 | - | - | - | - | - | - | - | 4,413 | 13,275 |
| 농어촌특별세 | | | | | | | | 882 | 2,656 |
| ② 거래세 | 7,670 | 34,207 | 70,949 | 93,692 | 127,824 | 130,528 | 120,819 | 134,327 | 156,170 |
| 취득세 | 3,711 | 15,257 | 30,412 | 37,825 | 52,782 | 55,028 | 53,661 | 66,490 | 76,674 |
| 등록세 | 3,959 | 18,950 | 40,537 | 55,867 | 75,042 | 75,500 | 67,158 | 67,837 | 79,495 |
| 보유세 / 부동산세 | 36.2 | 26.1 | 27.7 | 26.2 | 21.5 | 23.1 | 28.0 | 26.8 | 30.5 |
| 보유세 / 지방세 | 24.0 | 15.0 | 15.6 | 12.5 | 11.1 | 11.8 | 13.7 | 13.7 | 16.6 |
| 보유세 / 조세총액 | 2.8 | 3.1 | 3.3 | 2.7 | 2.6 | 2.6 | 3.1 | 3.0 | 3.8 |

주 : 1) 각 세액은 부과액(Assessment Amount)이 아닌 징수액(Collection Amount)임.
    2) 농어촌특별세의 징수액은 〈종부세×0.2〉를 통해 산출했음.
자료 : 국세청, 『국세통계연보』 각 연도판; 행정안전부, 『지방세정연감』 각 연도판.

하지만 2006년에는 '보유세/부동산세', '보유세/지방세', '보유세/조세총액' 비율이 모두 다시 상승한다. 이는 '8·31대책'에 의해 종합부동산세 과세 대상을 확대하고 과표 적용률을 계속 인상한다는 방침이 정해지고 관련 법안들이 국회를 통과하면서 보유세 강화 정책이 재개된 결과다.

## 보유세 부담의 국제 비교

조중동 등 자칭 보수 언론은 노무현 정부가 부동산 보유자들에게 보유세 폭탄을 투하했다고 공격했다. 과연 세금 폭탄이 투하된다고 할 정도로 우리나라의 보유세 부담이 높을까? 2006년 우리나라의 보유세 부담을 주요 선진국들과 비교해 보자. 보유세 부담의 국제 비교는 부동산 가치 대비 보유세액의 비율을 의미하는 실효세율을 가지고 할 수도 있고, 조세총액 대비 보유세액 혹은 GDP 대비 보유세액의 비율을 가지고 할 수도 있다.

〈그림 1〉에 의하면 미국, 영국, 일본, 캐나다 등 주요 선진국의 보유세 실효세율은 모두 1%를 초과하고 있는 반면(미국에는 보유세 실효세율이 무려 4%에 육박하는 주도 있다), 우리나라의 보유세 실효세율은 0.3% 이하에 머물고 있다.

〈단위 : %〉

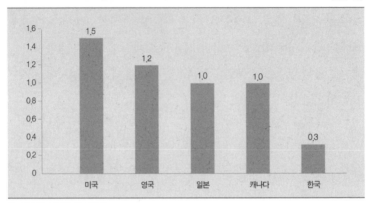

주 : 캐나다는 주택분 실효세율임.
자료 : 한국은행(2005 : 미국·영국·일본); 국정브리핑(2007 : 캐나다).

우리나라의 보유세 부담이 매우 낮다는 사실은 조세총액 대비 보유세액 비율이나 GDP 대비 보유세액을 비교해 보더라도 분명하게 드러난다(〈그림 2〉, 〈그림 3〉). 2006년 우리나라의 '보유세/조세총액' 비율 3.8%는 미국(11.9%)의 32%, 영국(9.4%)의 40%, 캐나다(8.1%)의 47%, 일본(8.2%)의 46%에 불과하다. '보유세/GDP' 비율을 국제적으로 비교해 보면 격차는 더 두드러진다. 2006년 우리나라의 '보유세/GDP' 비율은 0.8%인데, 이는 미국(3.1%)의 26%, 영국(3.3%)의 24%, 캐나다(2.8%)의 29%, 일본(2.1%)의 38%에 불과하다.

낮은 보유세 부담은 우리나라의 부동산 조세 구조를 기형으로 만들

〈그림 2〉 보유세액/조세총액 비율의 국제 비교 (2002)  〈단위 : %〉

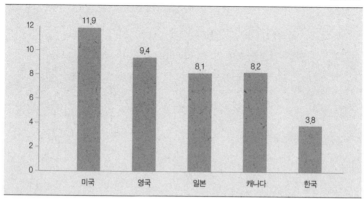

주 : 한국 2006년.
자료 : OECD(2004); 행정자치부(2006).

〈그림 3〉 보유세액/GDP 비율의 국제 비교 (2002)  〈단위 : %〉

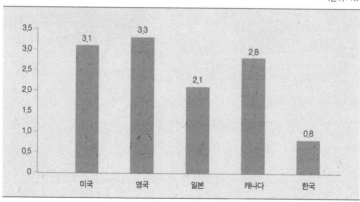

주 : 한국 2006년.
자료 : OECD(2004); 행정자치부(2006).

〈그림 4〉 보유세 : 거래세 비중의 국제 비교 (2003)

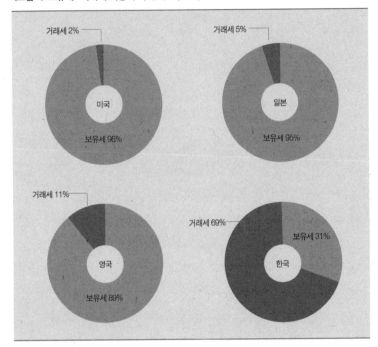

주 : 한국 2006년, 일본 2002년.
자료 : OECD(2005); 한국은행(2005)에서 재인용.

었다. 선진국들은 대개 부동산 조세 중 보유세의 비중이 압도적이고 거
래세의 비중은 미미한 구조를 갖고 있는 반면에, 우리나라는 거꾸로 보
유세의 비중은 매우 낮고 거래세의 비중이 월등히 높은 기형적 구조를

갖고 있다. 〈그림 4〉에 의하면 보유세 : 거래세의 비율이 미국은 98 : 2, 일본은 95 : 5, 영국은 89 : 11인 반면, 우리나라는 31 : 69다.

이처럼 보유세 부담이 낮고 부동산 조세 구조가 기형적인 모습을 지니고 있는 것은 우리나라의 보유세 강화 정책이 첫걸음을 내디딘 데 불과하다는 것을 의미한다. 선진국형 부동산보유세 제도를 갖추기까지는 갈 길이 참으로 멀다.

그러나 그럼에도 우리가 이 길을 가야만 하는 이유는 한국 경제에 가장 큰 부담 중의 하나인 고지가 문제가 해소되어야 하기 때문이다. 우리나라의 땅값이 얼마나 높은지는, 한국의 '지가총액/GDP'이 3.33(2006년)인 데 비해 선진국의 그것은 1 안팎이라는 데에서 잘 나타난다(『매일경제』 2007/04/17). 지가에 영향을 미치는 변수가 여러 가지 있지만, 그중 보유세 실효세율은 지가에 직접적인 영향을 준다는 것, 그리고 고지가가 국민경제에 큰 해악을 끼친다는 것을 생각한다면 '높은 보유세 낮은 거래세'의 길로 반드시 가야 할 것이다.

# 2장. 종합부동산세는 어떤 세금인가

## 1 도입 배경과 내용

### 종부세의 도입 배경

앞서 살펴보았듯이 2002년까지 우리나라 부동산 세금은 '낮은 보유세, 높은 거래세'의 전형적인 모습이었다. 보유세가 전체 세금에서 차지하는 비율이 2% 정도로 OECD 국가 중 최하위권에 속했다. 더구나 주택 재산세의 기준이 되는 '기준 시가'가 주로 면적에 따라 결정됨으로써, 강남의 소형 재건축 아파트의 경우 고가임에도 불구하고 세금은 지방의 싼 중대형 아파트보다 적게 내는 일이 벌어졌다.

이처럼 보유세 자체가 너무 적어 부동산 과다 보유에 장애가 되지 않았고, 지역 간 형평성에도 심각한 문제가 있었다. 이에 따라 2003년 1월 초 출범한 노무현 정부의 대통령직 인수위원회는 ① 보유세 현실화를 중점 과제로 설정해 보유세를 연차 목표(로드맵)에 맞춰 올리고 그 성과에 따라 거래세를 인하하며, ② 당시 30% 수준에 머물던 과표 현실화율을 임기 말까지 50% 수준으로 올리는 동시에 지역별로 보유세 현실화율이 격차가 나는 것을 조정해서 형평성을 기하는 것을 목표로 정했다.

그런데 당시 재정경제부, 행정자치부, 국세청, 청와대의 담당자들에 따르면, 보유세를 온전히 지방세로 둔 채로는 앞의 두 가지 목표를 달성하는 것이 불가능하다는 문제가 있었다.

보유세는 시군구가 거두어 쓰는 지방세. 따라서 서울의 강남권은 이미 중앙정부의 지원도 받지 않을 만큼 충분한 재원이 있기 때문에 보유세를 올릴 이유가 없다는 점이 가장 큰 걸림돌이 된 것이다. 반면 재원이 부족한 지방은 보유세를 일률적으로 더 올릴 경우 상대적 부담률이 서울보다 더 높을 수도 있었다.

따라서 정부는 보유세를 지방세인 재산세와 국세인 종합부동산세로 이원화하는 방안을 모색했다. 즉, 저가의 부동산은 저율의 세금으로 지자체가 재산세 형태로 거두어 쓰고, 고가 부동산은 중앙정부가 고율의 종합부동산세로 거두어 이를 다시 지방에 나누어 준다는 구도였다. 여기서 고가의 부동산을 대상으로 한 것은, 전체 부동산의 보유세를 높이는 것이 옳은 방향이기는 하지만 그 순서를 우선 고가 부동산부터 시작한 것이라고 할 수 있다. 이는 당시 시행되고 있던 종합토지세의 취지와 한계를 감안한 것이었다.

## 보유세액 계산법

종전의 보유세액 계산법은 "보유세액 = 기준 가격 × 적용률 × 세율"로, ① 기준 가격 자체가 시세를 제대로 반영하지 못했고, ② 이를 세금의 기준으로 전환하는 과정에서 면적을 많이 반영하는 등 현실 가격과는 차이가 컸다. 따라서 시가 대비 과표의 비율인 현실화율이 전국적으로 평균 30% 정도였지만, 지역이나 개별 부동산에 따라서는 10~50%까지 들쑥날쑥이었다.

이러던 것이 2005년 8·31정책을 통해 보유세액 계산법에 큰 변화가 생기는데, "보유세액 = 공시 가격 × 과표 적용률 × 세율"로 바뀌었다. 여기서 ① 공시 가격은 전국의 부동산을 매년 평가해 정부가 공시하는 가격으로 대체로 시세의 80% 선이며 ② 과표 적용률은 보유세를 연차적으로 현실화하기 위해 바로 100%를 적용하지 않고, 2005년 50%에서 시작해 단계별로 높이는 계획으로 되어 있다. 종합부동산세의 경우 2009년 100%, 재산세는 2015년(단, 주택은 2017년)에 100%가 된다.

**과거의 재산세 불공평 사례**

| 구분 | | 면적 | 기준 시가 | 2003년 세액 | 2004년 세액 |
|------|------|------|-----------|-------------|-------------|
| 지역 간 | 대전시 아파트 | 75평 | 3.2억 원 | 155만 원 | 79만 원 |
| | 강남구 아파트 | 26평 | 3.6억 원 | 9만 원 | 17만 원 |
| 단독 주택과 아파트 | 노원구 단독 | 84평 | 9억 원 | 394만 원 | 432만 원 |
| | 강남구 아파트 | 44평 | 9억 원 | 23만 원 | 89만 원 |

자료 : 국정브리핑특별기획팀(2007, 113).

종합토지세는 부동산 투기와 과다한 토지 보유를 억제해 지가 안정과 토지 소유의 저변 확대를 목적으로 1990년부터 도입된 세제였다. 어떤 사람이 여러 지역에 토지를 가지고 있을 경우, 이를 전국적으로 합산해(합산해 가액이 높아지면 높은 세율을 적용받는다) 과세한 다음 이를 각각 해당 지자체 소유 비율로 나누는 방식이었다. 그러나 서울 등 수도권에 살면서 지방에 땅을 가진 경우에는 지방 땅까지 합산해 높은 세율을 적용하기 때문에, 부자 지자체는 가만히 앉아서 관내 납세자에게 더 높은 세율로 세금을 부과할 수 있었다. 부자 지자체가 혜택을 더 많이 본 것이다. 따라서 이를 아예 국세로 할 경우 이런 형평성 문제도 해결할 수 있는 장점이 있었다.

결국 보유세를 강화하고 형평성을 기하려는 국가적 과제가 지자체에 맡겨진 상태에서는 근본적인 한계가 있었기 때문에, 종부세를 도입해 일부를 국세화한 것이라고 할 수 있다.


종부세 도입 과정


2003년 9월 1일, 당시 노무현 대통령은 비공개회의를 열어 재산세와 별개로 국세인 종합부동산세를 2006년부터 도입하기로 방침을 확정했다. 그런데 그해 가을 부동산 시장이 불안 조짐을 보이면서, 정부는 10

월에 소위 10·29종합대책을 발표하게 된다. 1가구 3주택 양도세 중과, 주택 거래신고제 도입 등이 포함된 이 종합대책에서는 애초 예정된 종합부동산세 도입 시기를 1년 앞당겨서 2005년부터 시행하기로 하고, 세부 시행 계획을 준비하기 위한 추진단을 구성키로 했다.

이에 따라 2004년 초, 재경부 부동산세제 실무기획단이 실무준비에 들어갔다. 그런데 시행을 준비하는 과정에서 새로운 문제가 발생했다. 주택의 경우 건물과 부속 토지로 각각 나누어 평가하다 보니, 토지와 건물의 가격을 따로 매기기가 간단치 않았고, 거래가 빈번한 아파트 등 공동주택과 가격을 파악하기 어려운 단독주택 간의 형평성 문제가 대두되었다. 특히 일상적 거래가 토지, 건물을 포함한 주택을 단위로 이뤄지기 때문에 국민 상식과도 부합할 필요가 있었다. 결국 보유세 이론으로 본다면 토지를 건물에 비해 상대적으로 중과할 필요가 있지만 주택에 한해서는 통합해 평가 및 과세하는 것으로 바뀌게 되었다.

이에 따라 종합부동산세는 〈그림 5〉에서 보는 바와 같이 주택은 주택대로 전국적으로 인별 합산해 과세하고, 토지는 별도로 합산하는 것으로 구조가 정해졌다. 다만 주택 이외의 건물이나 농지, 공장 용지 등은 종부세 대상에서 제외했다.

2004년 말, 이와 같은 기본 틀을 가진 종합부동산세법이 국회를 통과했다. 이때 종부세 부과 기준은 개인별로 전국에 산재한 부동산의 가액을 합산해서, 주택은 9억 원 이상, 나대지 등 토지는 6억 원 이상, 사업용

<그림 5> 종합토지세와 종합부동산세 체제 비교

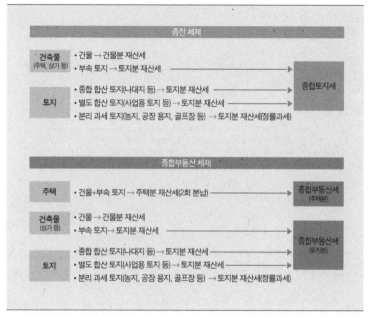

주 : 1) 종합 합산 토지 : 나대지 등 일반적인 토지로 건물·부속 토지 등과 합산해 종합토지세나 종합부동산세(토지분)를 부과.
　　2) 별도 합산 토지 : 사업용 토지 등은 세율이 높아지지 않도록 별도 합산하되, 종부세의 경우 기준 금액이 다름.
　　3) 분리 과세 토지 : 농지와 공장 용지는 생산 활동 장려 차원에서 낮은 단일 세율로 과세하고, 골프장 등은 높은 세율로 과세. 종부세 대상이 아님.

토지는 40억 원 이상으로 정해졌다. 또 전년 대비 최대 인상 폭을 50%로 하고, 과표 적용률도 전국적 형평성을 기하기 위해 50%로 확정했다.

　그러나 종합부동산세법이 통과되자 일각에서는 기준 금액을 애초 논

<표 4> 8·31정책의 과표 적용률 계획

| 과세 구분 | 연도별 | 2007년 | 2008년 | 2009년 | 2010년 | 2015년 |
|---|---|---|---|---|---|---|
| 종합<br>부동산세 | 주택 | 80% | 90% | 100% | 100% | 100% |
| | 종합 합산 토지 | 80% | 90% | 100% | 100% | 100% |
| | 별도 합산 토지 | 60% | 65% | 70% | 75% | 100% |
| 재산세 | 토지·상가 등 | 60% | 65% | 70% | 75% | 100% |
| | 주택분 재산세[1)2)] | 50% | 55% | 60% | 65% | 90% |

주 : 1) 서민들의 급격한 세 부담을 완화시키기 위해 인상 기한을 연장해 2017년 100%에 도달하도록 함.
　　2) 매년 올릴 수 있는 상한선도 3억 원 이하 5%, 6억 원 이하 10%로 제한.

의되던 6억 원에서 9억 원(주택)으로 높였고, 또한 세대별 합산이 아니라 인별 합산함으로써 "호랑이를 그리려다 고양이가 되었다"고 비판하게 되었다. 더구나 최대 인상폭과 과표 적용률이 낮아서 세 부담이 예상보다는 높지 않다는 반응이었다. 반면 다른 한편에서는 위헌적인, 징벌적 세금이라는 비난이 있었던 것도 사실이다.

이렇게 종합부동산세는 제도화되었지만, 그 첫 세금이 부과되기도 전에 부동산 시장은 다시 한 번 요동쳤다. 강남 재건축 아파트 가격 상승과 판교 분양을 계기로 수도권 부동산 시장이 흔들리게 된 것이다. 이에 따라 노무현 정부는 2005년 8월 31일, 소위 '8·31정책'으로 알려진 '서민 주거 안정과 부동산 투기 억제를 위한 부동산 제도 개혁 방안'을 발표했다. 이 정책에서는 그동안 종부세가 약하다는 비판을 받아들여 ① 소유 부동산을 세대별로 합산하고, ② 기준 금액을 주택은 6억 원으로, 토지는 3억 원으로 낮추었으며, ③ 전년 대비 인상 상한폭을 200%로 올렸고, ④ 특히 과표 현실화율 강화 계획을 법에 담아 2006년에 70%를 적용한 후 매년 10%p씩 올려 2009년 100%로 올리는 방안을 확정하게 되었다. 이와 함께 재산세의 과표 적용률도 매년 5%p씩 올려 2015년까지 100%로 올리는 장기 계획도 포함하게 되었다(〈표 4〉). 이런 안이 2005년 12월 31일 국회에서 원안 통과됨으로써 현재와 같은 모습의 종합부동산세가 탄생하게 되었다.


## 종부세의 구조

종합부동산세는 앞에서 설명한 대로, 주택은 주택대로, 토지는 토지대로 세대별로 합산해서 일정 가액(각각 6억 원, 3억 원) 이상이면 부과하는 세금이다. 그런데 종부세는 그 뿌리가 재산세에 있으므로, 종부세 기준 금액 이하 금액에 대해서는 재산세를 납부하면 되고, 그 이상 초과분에 대해서만 종부세를 적용받는다. 즉, 10억 원의 주택이라면 6억 원까지는 재산세 세율을 적용받아 재산세를 납부하고, 그 이상인 4억 원에 대해서만 종부세 세율로 종부세를 납부하는 것이다(정확한 표현으로는 주택분 종부세는 전체 세액에서 "6억 원 이하의 재산세액 부분을 공제"한다). 다소 복잡해

〈그림 6〉 공시 가격 10억원 주택의 재산세와 종부세의 구조

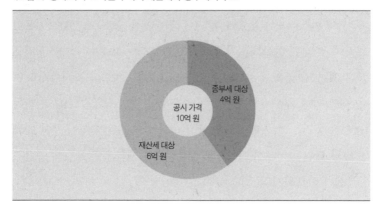

보이는 이 방식은 재산세와 종부세의 이중과세를 피하고, 고액 부분에 대한 세금만 국세로 하기 위한 방법이다. 이를 그림으로 나타내면 〈그림 6〉과 같다.

종부세 대상주택의 보유세액이 가격대별로 얼마나 되는지 대략 나타내면 〈표 5〉와 같다. 공시 가격이 6억 원일 경우, 순수 보유세는 124만 원이고 교육세, 도시계획세, 농특세 등 함께 고지되는 금액을 합하면 194만 원 정도 된다. 공시 가격 10억 원 주택의 경우 재산세, 종부세와 함께 고지되는 지방교육세, 농특세 등의 부가세sur tax까지 합해서 650만 원 수준이다.

그런데 여기서 중요한 사항이 한 가지 더 있는데, 세대별 합산 시 결혼

〈표 5〉 주택 가격대별 보유세(재산세, 종부세) 사례 (단위 : 천 원)

| 공시 가격 | 지 방 세 | | | | 국 세 | | | 보유세 계 (①+②) | 총세액 |
|---|---|---|---|---|---|---|---|---|---|
| | 계 | 재산세 (①) | 지방 교육세 | 도시 계획세 | 계 | 종부세 (②) | 농특세 | | |
| 6억 원 | 1,938 | 1,240 | 248 | 450 | | | | 1,240 | 1,938 |
| 7억 원 | 2,313 | 1,490 | 298 | 525 | 660 | 550 | 110 | 2,040 | 2,973 |
| 8억 원 | 2,688 | 1,740 | 348 | 600 | 1,320 | 1,100 | 220 | 2,840 | 4,008 |
| 9억 원 | 3,063 | 1,990 | 398 | 675 | 1,980 | 1,650 | 330 | 3,640 | 5,043 |
| 10억 원 | 3,438 | 2,240 | 448 | 750 | 3,120 | 2,600 | 520 | 4,840 | 6,558 |
| 15억 원 | 5,313 | 3,490 | 698 | 1,125 | 8,820 | 7,350 | 1,470 | 10,840 | 14,133 |
| 20억 원 | 7,188 | 4,740 | 948 | 1,500 | 14,520 | 12,100 | 2,420 | 16,840 | 21,708 |
| 25억 원 | 9,063 | 5,990 | 1,198 | 1,875 | 22,620 | 18,850 | 3,770 | 24,840 | 31,683 |
| 30억 원 | 10,938 | 7,240 | 1,448 | 2,250 | 30,720 | 25,600 | 5,120 | 32,840 | 41,658 |

주 : 재산세 표준세율을 기준으로, 세 부담 상한을 적용하지 않은 세액으로 실제 납부할 세액과 다소 차이가 날 수 있음.
자료 : 국세청(2007).


하거나 노부모를 모시기 위해 합가한 경우 등은 각각 소유 부동산이 있다 하더라도 2년간 합산 배제를 한다는 점이다. 세대 합산의 무리한 적용을 막기 위해, 2년 유예기간을 둔 것이라 할 수 있다. 이와 함께 등록된 임대 사업자나 호텔 등 토지가 많이 필요한 업종에 대해서는 종부세를 조건부로 완화, 면제하기도 한다.

## 통계로 보는 종합부동산세

  종합부동산세는 2005년도부터 과세를 시작했고, 2006~07년도에는
강화된 체제로 바꿔서 모두 3년간 징수되었다. 종부세의 총 세액은
2005년 6,426억 원에서 2007년 2조 8,560억 원으로 증가했고, 특히 주
택분은 391억 원에서 1조 2,416억 원으로 늘어났다.
  그러면 이제 다양한 통계를 통해 종합부동산세의 구체적인 모습을
살펴보기로 하자.


  ① 주택분 종부세는 우리나라 전체 가구 중 2%가 낸다

  먼저 종부세 대상이 전체 세대 중에서, 그리고 주택을 소유한 세대 중
에서 얼마나 되는지 파악해 보자. 납부 인원(그동안은 신고 납부였으므로, 정
확히는 신고 대상 인원)은 2007년 기준으로 48만 6,000명이며, 주택분은 38
만 3,000명이다. 주택분에서 법인을 제외하면 세대로는 37만 9,000세
대로 주민등록상 전체 세대의 2.0%('06년은 1.3%)에 해당하는 수준이다.
이를 다시 주택을 소유한 세대와 비교하면 3.9%('06년은 2.4%) 수준이다.

〈표 6〉 2007년 주택분 종부세 납부 대상의 주택 보유 분포 (단위 : 천 세대, %)

| 구 분 | 합계 | 1채 | 2채 이상 소계 | 2채 | 3채 | 4채 | 5채 이상 |
|---|---|---|---|---|---|---|---|
| 세대수 | 379 | 147 | 232 | 112 | 40 | 19 | 61 |
| 점유비 | 100 | 38.7 | 61.3 | 29.5 | 10.5 | 5.2 | 16.1 |

자료 : 행정자치부.

② 종부세 대상자의 61.3%는 여러 채를 가지고 있다

주택분 종부세 대상자 중 다주택자의 분포가 얼마나 될까. 〈표 6〉에서 보는 것처럼 종부세 대상자 중 "다주택 보유자"는 23만 2,000세대로, 개인 주택분 37만 9,000세대의 61.3%이며, 세액 점유율은 71.6%에 해당한다. 또한 다주택자가 소유하고 있는 주택 수는 97만 8,000호로 전체 종부세 과세 대상 주택 112만 5,000호의 86.9%에 이른다.

뒤에서 설명하겠지만, 최근 종부세를 세대 합산에서 개인별 합산으로 바꾸자는 얘기가 계속 나오고 있다. 헌법재판소에도 위헌심판이 청구되어 있는 상태다. 주택분 종부세를 부담하는 사람들 중 다주택자가 60%를 넘는 상황에서, 이를 개인별 합산으로 바꾸게 되면 적어도 반 이상이 종부세 대상에서 제외될 것이다. 더 나아가 부부가 각각 6억 원짜리 주택을 소유하더라도 종부세를 부과하지 못하는 사태가 벌어지게 된다.

### ③ 종부세 납부자의 대부분이 수도권에 거주한다

주택분 종부세 대상자의 거주 지역별 분포를 알아보자. 종부세 대상자의 93.8%가 수도권(서울·경기·인천) 거주자이며, 특히 강남, 서초구는 주민의 1/4 이상이 종부세 납부 대상이다. 반면 지방 대도시 거주자는 인원이 얼마 안 될뿐더러, 납부하는 경우도 해당 지역에 고가 주택이 많은 것이 아니라 수도권에 주택을 소유한 경우가 대부분이다.

덧붙여 종부세 대상자가 수도권에 집중되어 있다는 것과 다주택 보유자가 많다는 사실은 서로 연결된다. 심상정 전 민주노동당 의원이 '상위 100명 주택 소유 현황'과 통계청의 '가구 조사 자료'를 분석한 데 따르면, 2005년 8월 현재 서울 강남구에서 자기 집을 소유하고 있는 6만 9,529가구 가운데 1만 5,167가구(21.8%)가 2주택 이상을 보유한 다주택 가구였다. 이 지역은 수도권의 56개 기초자치단체 중 다주택 가구 비율이 가장 높은 곳으로, 이것은 서울시 평균 다주택 가구 비율 10.3%(주택 보유 가구 147만 5,848 중 다주택 가구 15만 2,539)의 2배가 넘는 수치다(『한겨레』 2006/11/13).

④ 주택분 종부세 납부 대상의 약 60%가 9억 원 이하 주택이다

소유 주택의 가격별 분포를 보면, 9억 원 이하가 전체 개인 주택분 세대의 58.8%, 부담 세액은 14.2%를 차지해 인원은 많지만 부담 세액은 상대적으로 적다. 반면, 공시 가격 15억 원 초과 세대는 전체의 10.6%이지만 세액은 47.5%를 점하고 있다〈표7〉. 또한 세대별 부담 세금 분포를 보면, 100만 원 이하를 내는 세대가 전체 종부세 납부 대상의 37.4%인 반면, 이들이 총 세액에서 차지하는 비중은 4.9%에 불과해 상대적으로 소액 납부자가 많음을 알 수 있다.

또한 6억 원에서 7억 원 사이에 있는 주택의 평균 종부세 부담액은 29만 원이고, 7억 원과 8억 원 사이는 평균 98만 원이다. 물론 받아들이는 사람 입장에 따라서는 이 금액이 너무 클 수도 있고, 그렇지 않을 수도 있다. 그러나 분명한 것은 종부세 납부 대상자의 60%를 차지하는 9억 원 이하 주택 소유자들의 부담액이 '징벌적' 수준이라고 할 수는 없다는 것이다.

이는 종부세 부과 주택의 실효세율에서도 확인할 수 있다〈표8〉. 보통 외국의 경우 시가의 1% 정도를 보유세로 부담하고 있다. 그러나 우리나라의 경우, 종부세를 납부하는 고가 주택의 실효세율도 공시 가격 10억 원 주택(시가 약 12~13억 원)이 0.52%에 불과하다. 6억 원 주택(시가 약 7~8억 원)의 경우 0.3%에도 못 미치며, 25억 원이 되어야 1% 실효세율

〈표 7〉 공시 가격대별 납부자 수 및 세액 분포 (개인 주택분) (단위 : 천 세대, 억 원, %)

| 구분<br>공시 가격 | 세대수 | | 세 액 | |
|---|---|---|---|---|
| | 세대 | 점유비 | 금액 | 점유비 |
| 합 계 | 379 | 100.0 | 12,416 | 100.0 |
| 6억 (초과)~7억 원 (이하) | 106 | 27.9 | 316 | 2.6 |
| 7억~8억 원 | 69 | 18.3 | 675 | 5.4 |
| 8억~9억 원 | 48 | 12.6 | 763 | 6.2 |
| 소 계 | 223 | 58.8 | 1,754 | 14.2 |
| 9억~10억 원 | 37 | 9.8 | 895 | 7.2 |
| 10억~11억 원 | 24 | 6.5 | 832 | 6.7 |
| 11억~12억 원 | 21 | 5.4 | 916 | 7.4 |
| 12억~13억 원 | 15 | 3.9 | 807 | 6.5 |
| 13억~14억 원 | 11 | 2.9 | 709 | 5.7 |
| 14억~15억 원 | 8 | 2.1 | 600 | 4.8 |
| 소 계 | 116 | 30.6 | 4,759 | 38.3 |
| 15억~16억 원 | 7 | 2.0 | 647 | 5.2 |
| 16억 원 초과 | 33 | 8.6 | 5,256 | 42.3 |
| 소 계 | 40 | 10.6 | 5,903 | 47.5 |

자료 : 국세청(2007).

이 되는 수준이다.

　그런데 최근 한나라당에서는 종부세 부과 기준을 6억 원에서 9억 원으로 높이자는 법안을 제출했다. 강만수 기획재정부 장관을 비롯한 정부 고위 관료들도 이에 동조하는 분위기가 나타나고 있다. 이렇게 되면 납부 대상자가 어떻게 될까? 〈표 7〉에서 보듯이 58.8%가 대상자에서 제

〈표 8〉 2007년 주택분 보유세 실효세율 (단위 : 천 원, %)

| 구분 | 공시 가격 | | | | | | | | | |
|---|---|---|---|---|---|---|---|---|---|---|
| | 6억 원 | 7억 원 | 8억 원 | 9억 원 | 10억 원 | 11억 원 | 12억 원 | 15억 원 | 20억 원 | 25억 원 |
| 전체 보유세<br>(부가세 포함) | 1,938 | 2,973 | 4,008 | 5,043 | 6,558 | 8,073 | 9,588 | 14,133 | 21,708 | 31,683 |
| 실제 가격 대비<br>실효세율 | 0.26 | 0.34 | 0.40 | 0.45 | 0.52 | 0.59 | 0.64 | 0.75 | 0.87 | 1.01 |

자료 : 국세청(2007).

외된다. 전체 37만 9,000명에서 22만 3,000명이 제외되고 15만 6,000명
만 남게 되는 것이다. 만약 세대 합산을 인별 합산으로 바꾸는 일까지 함
께 일어나면 종부세 대상자는 불과 5~6만 명 수준으로 줄어든다. 사실
상 종부세 폐지론인 것이다.


⑤ 반면 재산세는 10만 원 이하 납부자가 80%를 넘는다

종부세는 6억 이상의 고가 주택이나 3억 이상의 토지 등에 대해 부과
되는 세금이다. 그럼 이번에는 상대적으로 중산층 이하 서민층이 소유
하는 6억 원 이하의 주택에는 보유세가 얼마나 부과되는지 알아보자.
2007년도 재산세 통계는 아직 나와있지 않기 때문에 2006년 기준으
로 살펴보면, 10만 원 이하를 납부하는 경우가 86.1%에 달한다(〈그림

<그림 7> 재산세 세액 분포

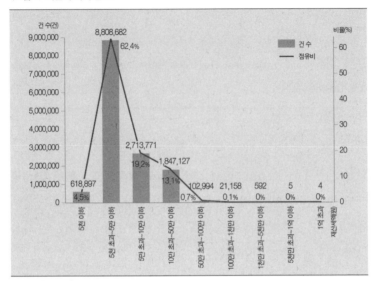

자료 : 지방세정연감(2006).

7)). 현재 주택분 재산세는 3억 원 이하 주택의 경우 연간 최대 상승폭을 5%, 6억 원 이하는 10%로 제한하고 있기 때문에, 2007년의 경우도 최소한 80%가 10만 원 이하였을 것으로 추정된다.

이런 현상은 전체 주택 중에서 6억 원 이하 주택이 98%에 이르는 상황에 비춰보면 당연하다 할 수 있다. 2008년 기준으로 6억 원 이상 주택은 2.1%(2007년은 2.2%)에 불과하며(국토해양부 자료), 3억 원에서 6억 원은

8% 내외, 1억 원에서 3억 원은 30%, 1억 원 이하가 60%에 이를 것으로 추정된다. 요컨대, 서민들에게도 엄청난 보유세가 부과되었다는 주장은 근거가 없다는 것이다.

## 종부세의 사용처

종합부동산세는 부동산보유세의 일부다. 따라서 재산 과세의 원리에 맞게 사용하는 것이 당연하다. 그런 점에서 처음 종부세를 도입할 당시에는 거래세(취득세, 등록세)를 낮추는 재원으로 활용하는 방안과 지방의 재정력이 취약한 지역에 지원하는 방안이 주로 논의되었다. 그러나 거래세 비중이 워낙 크다 보니 세율을 1%p만 내리더라도 종부세 전체를 투입해도 모자랄 지경이었다. 더구나 종부세는 애초에 시군구 재원이었기 때문에 거래세 인하용으로 사용할 경우 광역시도에 시군구세를 지원하는 결과가 된다는 비판도 있었다. 이에 종부세 중 일부분만 2005년도 거래세 인하에 따른 결손분을 지원하는 것으로 했다.

따라서 종부세는 2005년도 당시의 재산세 및 거래세 결손분 일부를 제하고, 나머지를 전액 시군구에 '부동산교부세' 형식으로 지원하는 방식을 채택하고 있다. 부동산교부세란 액수만 중앙정부에서 지원할 뿐, 사용처는 지자체가 자율적으로 결정하는 소위 '자주 재원'이다.

다만 시군구별로 얼마를 지원할 것인가에는 기준이 있는데, 2005~06년은 기본적으로 재정이 취약한 곳을 우선으로 지원(80%)하고 시군구의 '지방세 운영 상황'(15%), '재산세 규모'(5%) 순으로 반영했다. 이 중 '지방세 운영 상황'이란 지방세 징수율, 신 세원 발굴 노력 등 지자체의 세정 발전 노력을 감안한 수치였고, '재산세 규모'란 종부세가 없었더라면 고가 부동산의 재산세가 해당 지자체의 몫이 되었을 수 있으므로 그 일부를 되돌려 준다는 의미를 가지고 있다.

그러나 위와 같은 배분 기준에 대해 국민들의 체감 효과가 작고, 도시 지역의 빈곤층 밀집 지역 등에 대한 지원이 상대적으로 적다는 비판이 제기되었다. 이에 따라 2007년부터는 재정 수준을 50%만 반영하고, 지역의 '복지 수요' 25%, '교육 수요' 20%, '재산세 규모' 5%로 바꾸게 되었다. 이 중 '복지 수요'는 노령 인구 비율, 빈곤층 및 장애인 숫자 등을 종합한 지수로 평가하고, '교육 수요'는 방과 후 학습 및 보육 수요와 지역 교육 현안을 감안한 지수로 평가하고 있다.

물론 이런 배분 기준이 모든 시군구를 만족시킬 수는 없을 것이다. 재정력을 주로 반영하면 지방 낙후 지역이 상대적으로 많은 재원을 배정받을 수 있는 반면, 복지 및 교육 수요를 반영하면 도시의 서민 주거 지역이 상대적으로 혜택을 받게 되기 때문이다. 그러나 어떤 배분 기준이든, 기본적으로 종부세는 고소득층이나 부동산을 많이 가진 계층이 낸 세금을 낙후 지역이나 취약 계층에 지원하는 효과를 가진 것은 분명하다. 또한 재원의 총액만 중앙정부가 결정할 뿐, 실제 집행은 해당 시군구가 그 지역에 가장 필요한 곳에 사용하게 되기 때문에 자율성도 완전히 보장되어 있다.


## 2 종부세의 실시 효과


그렇다면 종부세는 어떤 효과를 발휘하고 있는가? 첫째, 자신의 능력에 적합한 부동산 소유를 유도하는 데 기여하고 있다. 예를 들어 어떤 자동차를 구입할 것인가를 결정할 때, 합리적인 경제 행위자라면 구입 비용과 유지 비용을 고려할 것이다. 자신의 소득에 따라 가격을 고려하고 유지비를 예측해 차를 구입하는 것처럼, 종부세는 시장 참여자들로 하여금 납부 능력에 맞게 부동산을 소유하도록 유도하는 기능을 한다. 그러나 종부세가 후퇴하게 되면 투기를 목적으로 능력에 맞지 않는 소유를 할 가능성이 커진다.

둘째, 공급을 확대하고 투기 수요를 억제하는 효과를 내고 있다. 보유세는 소유자에게 비용으로 작용하기 때문에 그 부동산을 통해서 비용 이상의 수익이 발생할 것이라 예상되지 않으면 소유자는 투기 목적으로 보유하고 있는 주택을 시장에 내놓게 되고, 불로소득을 기대하는 투기적 가수요는 줄어들게 된다. 이렇게 되면 종부세 과세 대상 주택의 가격은 자연스럽게 하락한다. 국토해양부가 2008년 4월 29일 발표한 자료에 따르면, 전국 933만 가구의 공동주택(아파트·연립주택·다세대주택) 가격을 전수 조사한 결과 2008년 1월 1일 기준 전년 대비 평균 2.4% 상승한 것으로 나타났다. 이는 2006년(16.4%)과 2007년(22.7%)에 비해 가격 상승폭이 크게 둔화된 것인데, 노무현 정부가 취한 대출 억제와 함께 보유세 강화가 효력을 발휘한 때문으로 풀이된다. 특히 서울 강남(-1.0%)·서초(-1.3%)·송파(-2.4%)·양천(-6.1%)구와 경기 분당(-7.3%), 평촌(-5.0%), 용인(-6.3%), 일산(-8.3%), 과천(-9.5%) 등 종부세 대상 부동산이 밀집한 지역의 공시 가격이 하락한 것을 보면 종부세가 가격 하락에 영향을 주었다고 강하게 추정할 수 있다. 그 결과로 2007년도 종부세 과세 대상자 중에서 1만 5,421가구가 올해 제외되었다. 종부세의 투기 억제 효과 내지는 공급 확대 효과는 다음의 『한겨레』 기사에서 확인된다.

셋째, 국토 균형 발전과 취약 지역의 복지·교육 재정에 도움을 주고 있다. 앞서 종부세의 배분 기준에 대해 설명했지만, 종부세는 지자체의 재정 상황과 복지·교육 수요를 감안해 배분하고 있다. 한 예로 전라북도의 경우, 2007년도분 종부세를 소관 시군별로 약 100억 원씩 배정받아 모두 1,564억 원을 더 쓸 수 있게 되었다. 이는 전라북도 전체 자체 수입의 16%에 해당할 정도로 큰 금액이다.

종부세 D-45 ····· 급매물 줄 섰다 (『한겨레』 2007/04/16)

　올해 종합부동산세 부과 기준일을 한 달 반 정도 앞두고 서울 강남권을 중심으로 세금 부담을 피하려는 목적의 급매물들이 나오기 시작했다. '종부세를 감수하더라도 계속 보유하느냐, 아니면 처분하느냐'를 놓고 고민하던 와중에서 집값이 더 떨어질 것이라는 분위기가 확산되자, 매물을 내놓기 시작한 것이다. 이런 급매물들이 본격적으로 나온다면 올해 들어 주춤세를 나타내고 있는 집값이 뚜렷한 하락세를 보일 것이라고 부동산 전문가들은 내다보고 있다.

　16일 부동산업계의 집계를 종합하면, 강남권과 목동신시가지 등 값비싼 아파트 단지에서 공시 가격 6억 원을 넘는 종부세 대상 아파트들이 급매물로 서서히 나오고 있다. 이들 아파트의 매도자는 종부세 부과 기준일인 6월 1일 전까지 등기를 끝내는 조건을 달고 시세보다 많게는 5천만~7천만 원 싸게 매물을 내놓고 있다.

# 3 종부세 도입 시의 쟁점

종합부동산세는 도입되지도 못하고, 정부 내에서 좌초할 뻔했다

2003년 7월, 대통령 주재 비공개회의에 처음 보고된 종합부동산세는 8월 25일 제13회 국정과제회의를 거쳐 9월 1일 관계장관회의에서 최종 결정됐다. 재산세를 이원화해 지자체가 부과하는 재산세와 국세로 부과하는 종합부동산세로 나누고, 대신 종전의 종합토지세는 폐지키로 했다. 공평한 과세를 위해 지역마다 다른 재산세의 과표 기준을 건교부가 발표하는 공시지가로 일원화하기로 했다. 국세로 걷는 종합부동산세는 2005년에 법안을 만들어 2006년부터 시행하는 것으로 일정을 잡았다. 그 후 2003년 10·29대책에서 시행 일정이 2005년으로 당겨지면서, 재정경제부는 서둘러 부동산 실무 기획단을 설치하고 준비에 들어갔다.

그러나 2004년 2월 경제부총리가 바뀌면서 사정이 달라졌다. 이헌재 부총리는 취임 직후인 2월 18일 국회 대정부 질의에 대한 답변에서 세제 문제를 재검토할 의향을 내비쳤다. 2003년 10·29대책을 발표하고 나서 불과 몇 달 사이에 사정이 급변한 것이다. 그 영향은 컸다. 실무 준비에 나서야 할 재경부는 개인별로 부동산을 얼마나 보유하고 있는지

파악하는 일에 미적거렸다. 세율 시뮬레이션도 잘 될 리가 없었다. 부동산 관련 통계를 취합해서 종합적인 전산망을 가동하기로 했던 행자부도 진척이 늦었다. 이렇게 준비 일정은 계속 지체되기만 했다.

설상가상으로 또다시 재산세 파동의 조짐이 보였다. 재산세가 시가를 제대로 반영하지 못한다는 비판에다, 그나마 형평성을 기하기 위해 재산세를 올린 지역에서 반발이 거세진 것이다. 서울의 대부분 지자체에서 탄력세율을 적용해 재산세를 깎아주기 시작했고, 심지어 소급 감면까지 추진했다. 게다가 2004년 8월 5일에는 전국시군구청장협의회 명의로, 종합부동산세가 국세로 도입되면 지자체의 과세 자주권이 침해당한다며 종부세 도입을 중단하라는 반대 성명이 발표됐다. 만약 정부가 강행한다면 전국적으로 서명 운동을 벌일 것이라고 압박했다.

이런 상황에서 재경부에서는 준비 부족 등의 이유를 들어 종부세 연기론이 솔솔 나오기 시작했다. 청와대는 이를 심각히 받아들였고, 8월 11일 국민경제자문회의가 개최한 부동산정책회의에서 대통령은, "지금 연기하면 괜한 상상력을 자극해 많은 문제를 야기할 수 있으므로 오늘 방침을 결정해서 일단 추진한 후, 보완해 나가는 방안이 타당하다. 지연하면 정책 자체가 사라질 우려가 있다"라고 말하며 일단 밀고 가라고 지시했다. 종부세 시행을 연기하려는 시도에 쐐기를 박은 것이다.

한편 연기론의 핵심에는 부동산에 대한 평가의 형평성 문제가 자리 잡고 있었다. 지역 간·주택유형 간 형평성이 확보되지 않는 한 전국의 주택을 합산해 세금을 부과하는 것이 매우 심각한 문제를 불러올 수 있었기 때문이다. 이에 따라 당시 조윤제 청와대 경제보좌관은 종전에 거론되지 않았던 새로운 제안을 하게 된다. 주택에 있어 토지와 건물을 통합 평가하자는 주장이 그것이다. 당시 재산세는 땅 따로, 건물 따로 세금을 걷었는데, 이렇게 되면 아파트 같은 공동주택의 경우 세금을 공평하게 매기기가 쉽지 않았다. 고가의 초고층 아파트는 대지 지분이 얼마 되지 않는 데다 건물값도 면적과 건축비 등이 기준으로 되어 있어서 시가가 제대로 반영되지 못하는 문제가 있었다. 기존 제도대로 한다면 지방의 저층 대형 평수 아파트가 서울의 고층 아파트보다 세금을 더 내는 경우가 빈번할 것이 분명했다. 땅의 가치와 건물의 가치를 복잡하게 따지느니 차라리 집값이 얼마냐를 기준으로 매기게 되면 세금의 형평성 논란을 잠재울 수 있었다.

그러나 이는 이론적으로는 문제가 있었다. 땅과 건물은 엄연히 성격이 다른 부동산이기 때문이다. 땅은 자연적으로 생긴 자연 재화지만 건물은 인위적으로 만들었다가 부수고 또 만들 수 있는 인공물이다. 땅과 건물을 분리해서 과세해야 한다는 생각은, 특히 이정우 당시 정책기획위원장이 강했다. 토지는 인위적으로 만들어지는 게 아니므로 세금을 중과하고, 건물은 인간이 만들어낼 수 있는 것이므로 중과하지 않아야 더 많이 짓는다는 이론인 것이다. 그러나 현실의 불형평 문제가 제도의 안정성을 위협하는 이상 차선이라도 택하지 않을 수 없었다.

논란은 여기서 끝나지 않았다. 두 번째로 떠오른 쟁점은 지방세냐 국세냐 하는 문제였다. 종부세의 밑그림을 그릴 때부터 1차는 지방세로 시군구가 관할 구역 내의 부동산에 대해 낮은 세율로 매기도록 하고 2차는 개인이 보유하고 있는 전국의 부동산을 합산해서 일정 기준 이상 초과하는 부분에 한해 국세로 매기도록 설계했다. 그런데 이 안에 대해서도 합의점을 찾기가 쉽지 않았다. 가장 큰 반대 논리가 재산세는 지방세인데 왜 국가에서 거두냐는 것이었다. 가뜩이나 지방의 재정 자립도가 낮은 판에 재산세까지 국가가 걷어 가면 어떻게 하느냐는 주장이다. 전국시군구청장협의회가 종부세 반대 성명을 낸 것도 바로 이런 맥락이었다.

지방세를 주장하는 쪽은 재경부, 국세를 주장하는 쪽은 행자부였다. 소관 업무로 본다면, 재경부가 국세를 주장하고 지방세를 관장하는 행자부가 지방세로 하자고 주장해야 할 테지만, 속내는 그렇지 않았다. 징세 부담 때문이었다. 자료도 부정확한 가운데 보유세를 급격히 현실화할 경우 징수자가 겪을 고초는 두말하면 잔소리였다. 서로 '네가 맡으라'며 등 떠미는 형국이었다.

행자부와 국세청은 서로 종부세 징수를 맡지 않겠다고 부동산 정책 총괄을 맡은 재경부에 의견을 통보했다. 행자부는 8월 19일 "보유세제 개편 방안 관련 의견 통보"라는 제목으로 공문을 발송했다. 행자부가 밝힌 거부의 근거는, 자료 오류로 부실 과세가 발생할 수 있고 납세 민원과 불복에 대해 해결 절차가 복잡해 시간이 오래 걸린다는 점이었다. 국세청도 바로 다음날 '종합부동산세의 지자체 위탁 부과·징수 검토'라는 공문을 보내면서 비슷한 부작용을 들어 징수 반대 의사를 표시했다. 이 같은 사실은 국회 국정감사에서 드러났다.

　부처 간의 신경전으로 치달은 이 논쟁은 한 번에 끝나지 않았다. 최종 결론은 2004년 9월 15일에 열린 대통령 주재 국민경제자문회의 2차 부동산정책회의로 미뤄졌다. 그러나 지방세로 할 경우, 전국 합산이 사실상 불가능하고 지자체가 세금 인상을 반대하면 성립될 수 없다는 애초의 우려를 재확인하면서, 우여곡절 끝에 국세로 최종 결론이 났다. 물론 2003년도에 이미 국세로 결론이 났던 것이었지만 법안 제정을 앞두고 거의 모든 쟁점이 다시 한 번 제기된 것이다. 어쨌든 이날 회의에서 종합부동산세 방침이 공식 확정됐다. 보유세는 원안대로 2단계로 나눠, 기존 재산세는 지방세로 걷고 일정액 이상 초과분에 대해서는 종합부동산세를 매겨 국세로 걷도록 했다. 주택은 토지와 건물을 통합한 '주택세' 형태로 산정하되 국세청 기준 시가를 과표로 삼아 과세하기로 했다. 또 나대지와 사업용 토지는 개별 공시지가로 평가하기로 했다. 집 부자의 기준은 국세청 기준 시가로 6억 이상, 당시 거래 시가로 10억~12억 이상인 주택을 소유한 10만 명 정도로 하고, 당시 0.12% 정도인 실효세율을 매년 20~30%씩 단계적으로 인상해 2008년까지 0.24% 수준으로 올리도록 했다.

그러나 이런 입장을 가지고 국회로 갔던 법안은 다시 새로운 쟁점을 해결하기 위해 대통령 주재 회의를 개최할 수밖에 없었다. 이번에 불거진 문제는 뜻밖에도 또 과세 주체 문제였다. 또다시 국세, 지방세 논쟁이 불거진 것이다. 이번에는 재경부가 국세, 지방세의 틀을 벗어나 아예 '공동세'로 하자는 제안을 들고 나왔다. 수도권 의원들의 반발로 의원 입법 추진도 어려울 테니 그냥 지방 공동세로 걷는 게 낫다는 이유였다. 이미 과표도 건교부가 일괄 조정하도록 했고 주택도 통합평가하기로 했으니 종부세의 개편 목적은 다 이룬 셈이라며 굳이 국세로 도입할 필요가 없다고도 했다. 이만큼 왔으면 됐으니 그만 가자고 주저앉는 격이었다.

법률 제정이 순항하고 있었어야 할 때인 10월 말에 공동세 주장이 제기되어 다시 급박한 조정을 거쳤다. 결국 대통령에게 보고되고, 대통령이 직접 나서서 관계장관회의까지 주재한 다음에야 다시 원안대로 국세로 걷는 것으로 마무리되었다(10월 27일). 이제 공은 확실히 국회로 넘어갔다.


## 부과 기준이 6억 원에서 9억 원으로 높아진 사연

2004년 10월 21일, 국회 재경위 국정감사에서 여야 의원들은 한목소리로 종합부동산세 시행에 우려를 나타냈다. 세금 부담이 늘어 조세 저항이 걱정된다는 비판에서부터 과연 종부세가 형평성 있게 부과될 수 있는지에 대해서도 의구심을 드러냈다. 무엇보다 여야 의원들이 경계한 것은 경기 침체 시기에 종부세를 시행하는 것이 적절한가 하는 문제였다.

이혜훈 의원(한나라당, 서울 서초갑) - 참여정부 임기 5년 동안 부동산보유세 실효세율을 2배 수준으로 높인다는데, 정부가 형평과세를 한다는 미명 아래 세수 올리기에만 급급하고 있다. 종합부동산세는 현대판 가렴주구다.[5]

이종구 의원 (한나라당, 서울 강남갑) - 부동산 관련 세는 지방세인데 국세화 하는 것은 현 정권이 좌파적 분배 정책을 하려는 것 아닌가.[6]

김종률 의원 (열린우리당, 충북 음성) - 고가 주택이 몰려 있는 서울 강남

5 이혜훈 의원은 18대 국회가 개원한 2008년 5월 30일 1가구 1주택 보유자에 대해서 종합부동산세를 면제해 주고, 현행 세대별 합산 과세도 인별 과세로 전환하는 것을 골자로 하는 종부세법 개정안을 제출했다. 1호 법안을 차지하려고 보좌관들이 밤을 새웠다는 후문이다. 이 의원은 17대 국회에서도 2005년 6월 소득세법 개정안을 제출했는데, 당시 9%(양도소득 1,000만 원 이하), 18%(1,000만~4,000만 원 이하), 27%(4,000만~8,000만 원 이하), 36%(8,000만 원 초과)였던 양도세율을 각각 6%, 12%, 18%, 24%로 대폭 낮추는 것이 핵심이었다. 그리고 같은 해 11월에는 양도소득세의 장기보유특별공제액을 대폭 높이려는 안도 제출했다.
6 이종구 의원은 2008년 7월 24일 종부세법 개정안을 국회에 제출했다. 내용은 이미 언론을 통해 많이 알려졌지만, ① 적용 하한선 6억 → 9억으로 상향, ② 세대 합산을 인별 합산으로 전환, ③ 60세 이상 공시 가격 15억 원, 1가구 1주택으로 종합 소득 3,600만 원 이하일 경우 면제, ④ 인상 상한선 300%를 150%로 하향하는 것이다. 이 법안이 통과되었을 것으로 가정하면, 주택분 종부세 납부 대상자는 약 35만 명에서 5~6만 명으로 줄어들 것으로 예상된다. 이종구 의원은 17대 국회에서도 여러 차례 종부세에 대해 문제점을 지적하면서, 완화하려는 개정안을 제출한 바 있다.

등지는 물론 전국의 고급주택가 지역 보유세 부담이 크게 늘어 상당한 조세 저항이 우려된다.

문석호 의원 (열린우리당, 충남 태안) - 내수가 부진한 상황에서 종부세 시행이 내수 침체를 더욱 악화시킬 가능성도 있다.

11월 1일부터 열린 당정협의는 처음부터 여당 의원들의 질타가 이어졌다. 의원들은 하나같이 정부안이 너무 세다고 목소리를 높였다. 부동산 경기가 위축돼 있으니 과세 대상을 일단 줄인 다음 경기가 회복되면 대상을 늘리자고 했다. 그래서 제시된 안이 국세청 기준 시가 10~13억 이상. 당시 기준 시가가 시가의 60~70% 수준임을 감안하면, 20억 내외의 집을 보유한 갑부들만 종부세를 내게 되는 것이다. 이렇게 되면 애초 10만 명으로 예상했던 과세 대상자는 5만 명 이하로 뚝 떨어진다. 의원들은 또 보유세가 강화되는 만큼 거래세인 취득세·등록세의 세율을 대폭 인하하라고 주문했다. 일부 의원들은 아예 1년 연기론을 주장하기도 했다.

결국 당초 정부안이었던 6억 원 이상 적용 계획은 11월 3일 당정실무협의 과정에서 열린우리당 입장에 대한 재경부의 동조로 9억 원 이상으로 완화되고 만다. 전년도보다 세금의 증가량을 어디까지 할지를 의미하는 세 부담 상한선 역시 당초 100%에서 50%로 낮춰진다. 11월 4일 있었던 고위 당정협의에서는 청와대 측의 고집에 당 측 인사가 회의장을 박차고 나가는 사태까지 겪으면서 결국 당 측의 입장대로 정리된다.


## "차(車) 떼고 포(包) 떼고 졸(卒)만 남았다"


심상정 당시 민주노동당 의원은 정부와 여당이 확정한 종합부동산세 입법안에 대해 이렇게 표현했다. 참여정부 경제정책 중 유일한 개혁 정책으로 잔뜩 기대를 했는데 뚜껑을 열어보니 실망스럽기 짝이 없다는 말이다.

심 의원이 종부세 입법안을 비판한 이유는 세금을 내는 대상이 턱없이 적고, 그조차도 빈틈이 너무 많다는 것이다. 종합부동산세를 내려면 주택의 경우 국세청 기준 시가로 9억 원이 넘어야 하는데, 실제 거래되는 시가로 치면 십 수 억 이상의 주택을 가진 자만이 세금을 내게 된다. 그것도 세대별이 아니라 개인별로 합산한 금액이라 가구당 고가 주택을 몇 채씩 가지고 있더라도 개인 합산 금액이 9억 원에만 미달하면 종부세 부과 대상에서 제외된다. 더구나 주택과 나대지, 사업용 토지가 따로따로 기준을 적용하고 있어 결국 부부가 100억 원의 부동산을 갖고 있더라도 각각의 기준선만 초과하지 않으면 종부세를 한 푼도 내지 않아도 되었다.

사정이 이렇다 보니 종합부동산세를 '종합구멍세'라고 비꼬는 언론도 있었다. 곳곳에 구멍이 뚫렸다는 말이다. 인터넷신문 〈오마이뉴스〉는 2004년 11월 8일 '50억대 부자도 빠져나가는 종합구멍세'라는 제목의 기사에서 정부의 종합부동산세 기본 골격에 대한 민주노동당과 시민단체 측의 비판을 상세히 보도하기도 했다.

이처럼 민주노동당을 비롯한 진보 진영이 정부의 종부세 방안에 대해 야멸치게 점수를 매긴 반면, 보수 언론은 부자들에 대한 징벌세라며 반발했다. 『조선일보』는 11월 5일자 사설에서 '종합부동산세가 벌주는 몽둥이여선 안돼'라는 제목으로 정부와 여당의 종부세 입법안 합의에 대해 첫 포문을 열었다. 이 신문을 포함해서 몇몇 신문들은 종부세 도입을 반대하는 외부 인사의 기고와 사설 등을 잇달아 게재했다.

이들의 주장을 정리하자면, 종부세는 한마디로 부자들이 열심히 일궈놓은 재산을 '빼앗는 세금'이다. 11월 17일자 『한국경제』는 강만수 당시 디지털경제연구소 이사장(현 기획재정부 장관)의 칼럼을 실었다. "질투의 경제학, 종합부동산세"라는 제목의 강 이사장 글 한 대목을 인용해보자.

강남에 눌러앉아 사는 사람들이 투기를 했나 가격을 올렸나? 이사하자니 무겁게 올린 양도소득세가 무섭고, 눌러 살자니 종부세가 버거우니 어쩌란 말인가? 특정 지역 사람들을 못살게 구는 벼락 세금을 세금이라고 생각하나? 헌법에 '모든 국민은 법 앞에 평등하다'고 했는데 빌딩 가진 부자는 왜 빼나? 차라리 아파트, 빌딩, 증권, 골프 회원권 다 합쳐 평등하게 '부유세'를

하자. 인식과 목적과 원칙이 착오된 종부세는 다수를 앞세운 '질투의 경제학'이다.[7]

종부세는 가난한 사람들이 부자들을 질투해서 생긴 세금이라고 못 박아 버린 것이다. 이처럼 자칭 보수 언론들의 시각은 거부감과 불쾌감 일색이었다. 정부가 왜 종부세를 도입하려 하는지 이성적으로 접근하는 사람은 없었다. 부자들이 부동산으로 얻은 불로소득이 얼마나 되는지, 그것을 합리적으로 과세하는 방법은 없는지 대안을 찾아보려는 언론도 찾아보기 어려웠다.

당시 주류 언론들의 시각이 이렇다 보니 여당 의원들의 입장도 오락가락했다. 간신히 합의를 이뤄냈던 종합부동산세 입법안은 여당 의원 총회에서 또 한 번 벽에 부딪혔다.

---

7 흥미로운 것은 강만수 장관이 1997년 통상산업부 차관 시절 『중앙일보』 3월 5일자 칼럼에서 토지사유제에 대한 심각한 의문을 제기한 바 있다는 점이다. 그는 "경제는 어려운데 왜 집값은 올라가야 하는가. 언제까지, 얼마까지 땅값은 올라야 할 것인가. 이미 우리나라의 땅값은 다른 나라에 비해 너무 비싸다고 하는데, 그리고 미국과 일본은 최근에 땅값이 반 가까이 떨어졌다고 하는데 우리나라 땅값은 언제나 떨어질까. 땅과 물과 공기는 조물주가 창조해 우리에게 값없이 주신 것인데 물과 공기는 마음대로 쓸 수 있으면서 땅만은 가는 곳마다 임자가 정해져 있을까. 땅 때문에 인간은 죽고 죽이며 얼마나 많은 전쟁을 치러야 했고 얼마나 많은 불평등의 속박과 고통 속에서 살아야 했으며 얼마나 많은 한을 삭이며 한숨을 쉬어야 했던가. 요지의 땅 몇백 평을 물려받은 사람은 자손대대로 걱정 없이 잘 사는데 땅 한 평 물려받지 못한 사람은 평생 일하고도 변변한 집 한 채 마련 못하는 실정이다"라고 하면서 토지의 천부(天賦)성에 입각한 정책이 필요함을 암시했고, "올해도 땅값이 오른다는 우울한 뉴스에다 대낮에 골프장이 차고 해외 관광 예약이 넘친다는 얘기를 듣고 진보와 빈곤과 토지에 대해 다시 한 번 생각한다"고 하면서 토지 가치인 지대의 환수와 다른 세금 면제를 주장했던 헨리 조지의 생각에 공감을 표시했다.

72

2004년 11월 12일, 열린우리당은 오전과 오후 두 차례에 걸쳐 의원총회를 열고 정부와 합의한 종부세 법안을 논의했지만 당론 채택에는 실패하고 말았다. 천정배 당시 원내대표가 "과거 지나치게 세금을 적게 낸 사람들이 정당한 세금을 내는 것이기 때문에 개혁 취지와 국민 통합을 달성하는 조치"라고 강조했지만 동료 의원들의 의견 수렴을 얻어내기는 쉽지 않았다. 역시나 부동산 경기 침체와 조세 저항 우려가 가장 큰 걸림돌이었다.

여당은 15일 오전 국회에서 당정확대간부회의를 열어 다시 논의했지만 이견을 좁히지 못했고 18일 의원총회에서는 정족수 미달로 당론 확정에 또다시 실패했다. 결국 이날 김종률 의원의 대표 발의로 종합부동산세 법안과 지방세법 개정안을 국회에 제출했고, 그 후 25일에 열린 의총에서 사후 승인하는 형식으로 당론을 채택, 최종적으로 확정했다.

한쪽에서는 '구멍이 숭숭 뚫린 누더기세'라고 비난하고, 또 다른 쪽에서는 '부자들을 벌주는 몽둥이세'라고 지탄하는 종합부동산세는 그렇게 좌우의 뭇매에 시달리면서도 끝내 본회의에 올라갔고, 2004년 12월 31일 국회를 통과했다.

그로부터 얼마 지나지 않은 2005년 8월 31일, 정부는 1년이 되지 않아 종합부동산세 개정 방침을 확정, 발표한다. 완화되었던 기준액 9억 원을 6억 원으로 강화하고(토지는 6억 원에서 3억 원으로), 개인별이 아니라 세대별로 합산하며, 세 부담 상한선도 50%에서 300%로 강화하게 된다.

일부는 2003년 종부세를 처음 구상하던 원안보다도 더 강화되었다. 기대와 우려, 지지와 반대가 교차하는 가운데 2005년 12월 31일 개정안은 통과되었고 세금 폭탄이라던 종부세는 이미 우리 생활의 일부가 되었다. "세금 폭탄이다, 위헌이다"라고 비난이 빗발쳤던 2006년도에는 기한까지 신고한 비율이 98%였고, 종부세 완화론이 대선 과정에서 대두되었던 2007년도에는 그보다도 더 높은 99%에 이르렀다.

종부세는 무슨 도깨비 같은 세금이 아니다. 부자들의 재산에 배가 아파 만들어낸 세금도 아니다. 터무니없이 낮은 부동산보유세를 현실화하기 위한 것이 바로 종부세다. 즉, 종부세 대상자의 2/3 이상을 차지하는 다주택자, 즉 고가의 부동산 소유자들부터 보유세를 현실화하려는 정책인 것이다.

# 3장. 종합부동산세에 대한 오해와 진실

2장에서 살펴본 것처럼 보유세를 강화하는 것, 즉 현행 종합부동산세는 우리나라의 부동산 문제를 해결하는 데 있어서 꼭 필요한 정책이라는 것을 알 수 있다. 그리고 이것을 선진국과 비교하면 우리나라의 부동산 세제는 아직도 갈 길이 멀다는 것을 알 수 있다. 하지만 그럼에도 불구하고 이에 대해서 수많은 의문점들이 제기되어온 것이 사실이다. 아래에서는 종부세와 관련된 아홉 가지 의문점들과 양도세와 관련된 한 가지 의문점을 하나하나 검토해 본다.

## 1 국민소득을 감안하면 우리나라 보유세가 이미 높다?

이 주장의 요지는, 대한민국의 보유세 실효세율이 선진국에 비해서 상당히 낮은 것은 사실이지만 주택 가격이 선진국에 비해서 높기 때문에 이미 많은 보유세를 내고 있다는 것이다. 즉, '보유세액/주택가격'은 낮지만 '보유세액/소득'은 선진국보다 약간 낮은 정도일 뿐이라는 것이다. 그리고 여기에 양도소득세와 거래세까지 합한 재산 과세를 비교하면 세계 최고 수준이라고 주장한다(손재영 2006).[8] 그러므로 보유세를 현재 수준에서 묶어 두어야 한다는 것이다.

이 주장은 언뜻 들으면 그럴싸하지만, 따지고 보면 왜 우리나라의 주택 가격이 천정부지로 올랐는지를 전혀 생각하지 않은 것으로, 결과적으로 이렇게 오른 주택 가격을 그냥 두자는 말과 같다. 흔히 주택 가격이 얼마나 높은지는 연 소득 대비 주택 가격 지수인 PIR<sup>Price to Income Ratio</sup>로 나타내는데, 국민은행이 조사한 바에 따르면 2007년 우리나라 전체의 PIR은 6.6이고 서울의 강북권은 7.9, 강남권이 12.3이다(『한겨레』 2007/12/26). 서울의 PIR이 9가 넘는다는 것은 평범한 노동자가 서울에 집을 마련하려면 최소한 9년 동안 한 푼도 쓰지 않고 모아야 한다는 뜻이다. 따라서 열심히 일하는 사람들의 내 집 마련이 앞당겨지려면 PIR은 지금보다 훨씬 낮아져야 한다. 선진국보다 턱없이 높은 PIR은 국민경제에 큰 부담이 되고, 국가경쟁력을 높이는 데 큰 장애 요인이 되기 때문이다.

---

8 대개 이런 주장은 재산 과세에 양도소득세를 포함하는 경향이 있는데(현진권 2007; 손재영 2006), 양도소득세는 재산세가 아니라 '실현된 소득'에 과세하는 소득세이기 때문에 양도세는 계산에서 빠져야 한다. OECD가 발행하는 『국가 주요 세입 통계』(*Revenue Statistics*)에서는 양도소득세를 소득세 항목인 분류기호 '1000'에 포함하고 있고, 보유세와 거래세는 재산세 항목인 분류기호 '4000'에 포함하고 있다.

그렇다면 우리나라의 PIR은 왜 이렇게 높을까? 가장 큰 원인 중 하나가 지금까지 시민단체와 학자들이 지적한 것처럼 보유세가 너무 낮다는 데 있다. 즉, 앞서 말했던 것처럼 투기는 불로소득을 노리고 발생하는데, 불로소득을 환수할 수 있는 가장 우수한 수단인 보유세가 턱없이 낮은 것이 부동산 가격 폭등의 원인이라는 것이다. 그러면 어떻게 하면 PIR을 연착륙시킬 수 있을까? 여러 가지 수단이 있을 수 있지만, 가장 좋은 수단은 불로소득을 환수할 수 있는 최적의 방법인 보유세를 강화하는 것이다. 보유세를 점진적이고 지속적으로 강화하면 투기 목적의 부동산이 시장에 출하되고 가격은 전반적으로 하향 안정화된다. 이렇게 되면 경제 전체가 지금보다 더 튼실해진다. 그리고 이렇게 해 향후 거품이 빠지면 보유세 부담도 줄어들 수 있다.

따라서 소득에 비해서 보유세가 높은 편이기 때문에 줄여야 한다는 주장은 언뜻 보면 국민의 부담을 덜어주는 좋은 말인 것 같지만, 국민경제 전체에 엄청난 부담을 지우자는 주장과 같은 것이다. 우리나라가 높은 부동산 가격으로 인한 내수 침체나 국가경쟁력 하락을 극복하기 위해서는 '보유세 강화 → 부동산 가격의 거품 제거·하향 안정화 → 정상적 세 부담'의 경로를 반드시 거쳐야 한다.

# 2 보유세가 전가되어 서민 주거비를 오히려 올린다?

상품에 부과하는 세금은 전가된다. 예를 들어서 상품 생산자에게 세금을 부과하면 공급자인 생산자가 전체 세액을 부담하는 것 같지만, 부과된 세금의 상당 부분은 상품 가격의 상승을 통해 소비자에게 전가된다. 보유세 비판자들도 이와 비슷한 주장을 한다. 부동산 소유자에게 부과된 보유세는 세입자에게, 혹은 부동산 구입자에게 전가되어 임대 가격과 매매 가격을 올린다는 것이다. 이 주장을 한마디로 '보유세 전가론'이라고 할 수 있는데, 매매 시장과 임대 시장의 메커니즘을 통해 이 주장의 허구성을 살펴보자.

세금 전가는 공급자가 가격에 따라 공급량을 조절할 수 있는 재화에서나 가능하다. 일반 재화의 경우 가격 변화에 따라 공급량과 수요량을 쉽게 조절할 수 있는 쪽이 세금을 상대편에 더 많이 전가할 수 있다. 이 것을 경제학적으로 말하면 가격탄력성이 낮은 쪽이 더 많은 세금을 낸다는 것이다. 그러나 토지는 공급이 고정되어있기 때문에, 다시 말해서 가격에 따라서 공급량을 조절할 수 없기 때문에 보유세를 부과하면 소유자가 모두 부담하게 된다. 따라서 보유세는 매매 시 전가되지 않고, 부과된 보유세만큼 매매 가격은 내려간다.[9] 왜냐하면 매수자가 보유세를 부담해야 하기 때문이다. 그뿐 아니라 보유세가 강화되면 보통 투기 목적으로 주택을 소유하고 있던 자들은 보유에 부담을 느끼기 때문에 그 주택을 시장에 내놓게 되고, 이렇게 되면 주택 공급이 늘어 매매가격이 더 하락한다. 다시 말해 서민들의 주거비 부담이 더 줄어든다는 것이다. 나아가 높은 부동산 가격 때문에 위축되었던 창업과 투자가 활성화되어 일자리가 더 늘어날 수도 있다. 2007년부터 2008년 상반기까지 이른바 '종부세 회피 매물'이 강남권에서 증가해 왔고 그 때문에 가격이 내려간다는 언론의 보도들은, 보유세의 효과를 생생히 보여 주는 사례라 할 것이다. 만약 종부세를 포함한 보유세 강화 정책이 이명박 정부하에서도 지속될 것이라는 신뢰가 있었다면, 주택가격은 더 크게 하락했을 것이고, 이에 따라서 주거 비용도 더 내려갈 수 있었을 것이다.

임대 시장도 사정은 마찬가지다. 일각에서는 보유세가 인상되면 소유자가 인상분을 바로 세입자에게 전가할 수 있다고 주장하기도 하는데, 이것은 주택 소유자가 전능한 존재라고 전제하는 것과 같다. 그렇다면 주택 소유자들은 보유세가 인상되기 전이라도 전세금을 인상하는 것이 마땅한데 왜 그렇게 하지 않는 것일까? 주택 시장의 임대료는 보유세의 전가를 통해서 오르내리는 것이 아니라, 다시 말해 소유자의 의지

---

9 물론 현행 종부세를 포함한 보유세는 토지뿐 아니라 건물에도 부과되기 때문에 건물에 부과되는 부분은 매수자에게 일정 정도 전가되어 주택가격이 보유세 부담만큼 내려간다고 할 수 없다. 왜냐하면 '건물분 보유세 → 건물 채산성 하락 → 건물 공급 위축'의 메커니즘이 작동하기 때문이다. 그러나 그렇다고 하더라도 토지에 부과되는 보유세는 토지의 효율적 사용을 촉진해 주택공급을 늘리는 역할을 하기 때문에 전가 부분이 상쇄될 수 있다. 자세한 내용은 4장 2절 '김경환 비판'을 참조하라.

에 따라 좌우되는 것이 아니라 주택 임대 시장의 수요와 공급의 변화에 따라 이뤄진다. 물론 보유세가 하락하면, 투기적 수요가 증가하고 투기 목적으로 사 놓은 주택이 전세나 임대 시장에 나오게 되어 임대주택 물량이 증가하기 때문에 전세금은 더 하락할 수도 있다. 반대로 보유세 강화가 현실화되고 그것이 앞으로 지속될 것이라고 시장 참가자들이 믿게 되면, 매매 물량이 많아져 주택 가격이 하향 안정화되는데, 이렇게 되면 잠재적인 매수자들도 가격이 좀 더 떨어질 것으로 예상하고 상당 기간 전세나 임대를 선호하기 때문에 전세 및 임대 수요가 증가해 전세 값이 일시적으로 올라갈 수 있다.

그러나 전술한 부분은 과도기적 현상이고, 적정 공급량이 유지되면 임대 시장은 정상을 되찾게 된다. 왜냐하면 일반적으로 임대 시장은 투기수요가 아닌 실수요를 반영하기 때문이다. 부득이한 경우를 제외하고 임차인은 과도한 임대료를 내면서까지 거주하려고 하지 않는다. 임차인은 지불해야 하는 비용과 자신이 그곳에 거주하면서 누리는 편익을 고려해 임차 여부를 결정한다. 요컨대 보유세는 임대 시장에서 임차인에게 전가되지 않고, 임대 시장의 임대료는 수요와 공급에 의해서, 더 정확히 말하면 임차된 부동산의 사용가치에 의해서 결정되는 것이다.

# 3 보유세를 올려도 집값은 잡히지 않았다?

현실은 정반대가 될 것이다. 보유세를 강화하면 여러 가지 경로를 통해 집값이 하향 안정화된다. 이론적으로 보유세는 부동산 가격을 하향 안정화하는 데 기여한다. 토지보유세 부과는 보유세의 자본화capitalization 효과를 가져와 토지 가격을 그만큼 낮춘다. 즉, 미래에 계속해서 부담해야 할 보유세의 현재 가치만큼 토지 가격이 낮아진다는 것이다. 또한 실제적으로 보유세는 부동산에 대한 투기적 수요를 억제함으로써 가격을 낮출 뿐 아니라 유휴지나 저사용 토지의 개발을 촉진함으로써 부동산 가격의 하향 안정화에 도움을 준다.

보유세 강화가 어떻게 투기적 수요를 억제하고 유휴지의 개발을 촉진해 토지 공급을 늘리는지를 좀 더 살펴보자. 이런 현상이 일어나는 근본 원인은 보유세 강화가 보유 비용 효과holding-cost effect를 가져오는 데 있다. 합리적인 경제 행위자라면 과거에 토지를 얼마에 샀던가에 관계없이 매년 보유세로 얼마를 내야 한다는 사실에 신경을 쓰지 않을 수 없다. 즉, 보유세를 보유에 따른 부담으로 느낀다는 것이다. 강화된 보유세 이상의 수입이 생기는 사업을 할 수 없는 부동산 소유자나 투기 목적으로 부동산을 보유하고 있는 소유자가 보유에 따른 부담을 피하는 방법은 부동산을 매각하는 것이다. 물론 그렇지 않은 사람은 보유세 이상의 수입을 뽑아낼 수 있도록 토지를 더 잘 활용하려고 노력할 것이다. 이처럼 보유세의 강화는 투기적 수요를 줄이는 한편 토지 개발 수요를 촉진해 주택의 공급을 늘리기 때문에 주택을 비롯한 부동산 가격은 내려갈 수밖에 없다. 수요는 줄이면서 공급을 늘리니까 당연히 가격이 내려가는 것이다.

그런데 노무현 정부하에서 보유세가 강화되었는데도 불구하고 왜 부동산 가격이 안정되지 않았는가 하고 의문을 제기할 수 있다. 노무현 정부가 보유세 강화 정책을 채택했음에도 불구하고 부동산 가격이 금방 안정되지 않은 가장 큰 원인은 시장 참가자들이 노무현 정부가 제시한 보유세 강화 정책의 지속 가능성에 대해 의구심을 갖고 있었기 때문이다. 부동산 가격을 결정하는 요소 가운데 중요한 것이 미래에 대한 기대다. 부동산 소유자들은 노무현 정부가 세워놓은 부동산 정책이 다음 정부에서 분명 후퇴할 것이라고 예측했기 때문에, 당장 보유세 강화에 따른 보유 비용이 발생해서 부담을 느낀다고 하더라도 투기 목적으로 소유한 주택을 시장에 내놓으려고 하지 않았다. 왜냐하면 다음 정부에서 보유세가 후퇴해 부동산 가격이 더 올라가면 지금의 비용을 만회하고도 남기 때문이다. 또한 이런 상황에서는 투기 심리도 쉽게 수그러들지 않는다. 노무현 정부 내내 바로 이런 심리가 작용했기 때문에 가격이 하향 안정화되지 않은 것이다. 집권 가능성이 매우 높은 야당이 보유세 무력화를 공공연히 얘기하는 마당에 부동산 시장이 안정을 찾을 수 있겠는가? 만약에 보유세 강화 정책이 지속될 것이라고 시장 참가자들이 예상했더라면 2006년도에 양도세 유예기간을 두었을 때[10] 상당한 물량의 부동산이 시장에 나와 주택 공급이 늘고, 투기적 수요도 줄어들어 부동산 가격은 하향 안정화되었을 가능성이 높았다.

또한 보유세는 단기적으로 가격을 잡는 수단이 아니라는 점도 고려해야 한다. 부동산 시장으로 어마어마한 부동 자금이 몰려드는 상태에서는 단기적으로는 백약이 무효인 상황이 올 수도 있는 것이다. 따라서 어떤 나라든 부동산 정책은 단기 대책, 장기 대책이 조합을 이루고 있다. 그런 점에서 노무현 정부는 단기 대책에서 실기했다는 지적이 옳다. 부동산 부문 대출을 억제하고, 안정적 주택 공급에 대한 확신을 심어 주면서 단기 차익을 억제하자 2006년 하반기에 부동산 시장에 붙은 급한 불이 2007년 초에 잡힌 것을 확인할 수 있다. 그 뒤 2007년 한 해 동안 하향 안정을 거쳐, 최근 보유세 현실화의 주요 대상이라 할 버블세븐 지역은 현격한 가격 하락을 보이고 있다. 즉 수요는 줄고 공급은 늘어난 것이다. 그러나 종부세가 후퇴할 것 같은 분위기가 감지되면 이런 흐름은 과거에 나타난 것처럼 즉시 반전될 것이다. 매물이 사라지고, 불로소득에 대한 기대로 투기적 가수요는 늘어나 가격은 올라가게 될 것이다.

10 노무현 정부의 8·31정책은 1가구 2주택자부터 양도소득세를 50% 이상 강화하되, 2006년 1년간 유예 기간을 두었다.

# 4 종부세 때문에 부자들이 돈을 쓰지 못해 경기가 더 침체된다?

종부세를 부담하는 사람은 일반적으로 부유한 사람이므로, 그들에게 보유세 부담을 줄여 주면 소비를 늘리게 되어 경기가 활성화된다는 것이 주장의 요지다. 물론 종부세를 후퇴시키게 되면 부동산 가격이 높아져 부동산 부자들의 수입은 더 늘어날 것이다. 그러나 부동산 가격 상승으로 벌어들인 소득은 불로소득이다. 이 소득은 부동산을 소유하지 못한 무주택 서민들, 임대 생활자들의 주머니에서 이전된 소득이다. 백 보를 양보해 이런 엄청난 불로소득을 취한 부유층이 하는 소비가 침체된 내수 경기를 살리는 데 도움이 될 수 있을까?

대부분의 전문가들은 이들의 소비가 침체된 경기를 살리는 내수 확대에 거의 도움이 되지 않는다고 지적한다. 부유층의 소비는 대개 해외 명품 등의 사치재 구입과 자녀들의 해외 유학 등에 집중된다. 다시 말해서 그들의 소비는 수입 확대를 통해서 국부를 해외로 이전하는 데 기여할 뿐이다. 본래 내수를 담당하는 계층은 중산층 이하 서민이다. 그런데 부동산 가격의 앙등으로 이들이 가진 소득이 소수의 부동산 부유층에게 이전되기 때문에, 내수를 확대시킬 수 있는 기반은 점점 줄어들 수밖에 없었다. 요컨대, 종부세가 후퇴해 부동산 가격이 앙등하면 내수가 더 침체되고, 소비의 양극화로 인해 국민경제의 체질은 더욱 약화되는 것이다.

우리나라의 내수가 침체된 주요 원인은 앞에서 누누이 지적했듯이 주택 가격을 포함한 주거비가 지나치게 높기 때문이다. 따라서 종부세 등을 통해 보유세를 강화해 부동산 가격이 하향 안정화되면, 주거비가 하락해 내수 경제를 살릴 수 있게 된다. 달리 표현하면 보유세 강화는 '주택 가격의 하향 안정화 → 내수 진작 → 투자 활성화 → 일자리 증가' 라는 선순환을, 보유세 후퇴는 '주택 가격 상승 → 내수 침체 → 투자 하락 → 일자리 감소'라는 악순환을 일으킨다고 할 수 있다.

## 5 종부세를 국세로 한 것은 지방의 과세 주권 침해이며, 이중과세다?

보유세를 지방세로 해야 한다는 주장은 보유세가 응익적應益的 성격이 강하다고 보기 때문에 나온다. 즉, 보유세는 지방정부가 해당 주민에게 각종 서비스를 제공하는 것에 대한 대가라는 것이다. 이런 이유로 미국 등의 선진국에서는 보유세를 지방세로 한다는 것이다.

그러나 우리나라의 경우에는 오히려 응익적 성격이 강하기 때문에 국세로 해야 한다. 예를 들어 대한민국에서 토지 가치에 더 큰 영향을 미치는 행위의 주체가 지방정부인가 아니면 중앙정부인가? 서울의 땅값이 지금처럼 비싼 것이 서울시가 서비스를 잘해서인가, 아니면 중앙정부의 서울 중심적인 정책 때문인가? 대답은 너무도 분명하다. 그렇다면 보유세의 상당 부분을 국세로 하는 것은 정당하다 할 것이다.

한편 앞에서 살펴본 것처럼 보유세 강화는 국가적 과제기 때문에 지방정부에 일임하기 어려운 측면이 있다. 지방정부의 이해관계가 중앙정부의 그것과 일치하지 않는 경우가 있는데, 보유세 강화가 바로 여기에 해당될 수 있기 때문이다. 보유세 강화를 통한 부동산 가격의 하향안정화는 국민경제 전체에 매우 중요한 과제다. 요컨대, 응익적 성격이라는 측면에서 보나 국가적 과제의 실행 가능성으로 보나, 보유세의 일정 부분을 국세로 전환하는 것은 지방의 과세 주권을 침해한 것이라고 볼 수 없다.

또한 종부세가 이중과세라는 주장도 잘못되었다. 이중과세라는 것은 재산세의 과세 대상을 종부세의 대상으로 삼는다는 것을 의미한다. 그러나 이는 앞서 설명한 것처럼 사실이 아니다. 종합부동산세 부과 대상은 일정 가액 이상이고, 종부세를 계산할 때 재산세로 납부한 부분을 차감하기 때문이다. 재산세는 6, 9월에 납부하고 종합부동산세는 12월에 납부하는 시기만 다를 뿐이다.

## 6 _ 종합부동산세는 위헌이다?

　종합부동산세의 위헌 논란은 그 뿌리가 깊다. 종부세가 처음 도입될 무렵부터 위헌론이 끊임없이 제기되었고, 헌법재판소에는 위헌심판청구가, 행정법원에는 과세에 불복하는 청구가 줄을 이었다. 그동안의 위헌심판청구는 "권한 침해 여부를 안 날로부터 60일 이내에 청구"해야 하는 기한을 경과해 각하되거나(2008헌마 87, 380), 세금 부과 자체를 다투어야 할 사안을 바로 헌법소원으로 제기한 것은 직접성 요건이 결여되어 있다는 이유로 각하(2007헌마408, 467, 468)되었다. 또 강남구청이 국회가 입법한 종부세가 자치재정권을 침해했다고 주장하며 권한쟁의심판을 청구한 건 역시 기한을 넘겼다는 이유로 각하된 바 있다(2005헌라 4). 헌법재판소가 종부세의 위헌성 자체에 대해 아직 결정을 내린 것은 아니다. 다만, 현재 몇 건의 위헌심판이 계류 중이고, 최근 서울행정법원이 세대별 합산이 혼인한 사람들에 대한 차별 요소가 있다는 취지로 위헌심판을 청구한 상황이다(2008년 4월 17일).

## 법원은 일관되게 종부세가 합헌이라고 판결

그동안 서울행정법원은 몇 차례의 판결을 통해 종부세를 위헌으로 볼 수 없다는 확고한 입장을 견지해 왔다. 서울행정법원은 2007년 6월 8일, 개정 전 구 종부세법에 대해 강남구에 거주하는 한 청구인이 과세 처분을 취소해 달라고 소송을 제기한 데 대해(2006구합 30546), 또 2007년 8월 14일, 과표 적용률 등이 강화된 개정 종부세법에 대한 소송에 대해서도(2007구합 9082) 세금 부과는 적법하며 위헌으로 볼 수 없다는 판결을 내린 바 있다.

재판부는 6월 8일 판결(서울행정법원 행정4부 : 재판장 민중기)에서 "원고는 구 종부세법이 조세특례제한법에 위반되기 때문에 세금 부과는 위법하다고 주장하지만 구 종부세법에서 규정하고 있는 종합부동산세는 단순히 지방세법이 정하고 있는 재산세에 대한 특례 세율이 아니라 조세 부담의 형평성을 제고하고, 부동산의 가격 안정을 도모해 지방재정의 균형 발전과 국민경제의 건전한 발전에 이바지함을 목적으로 해 부과되는 국세"라며 "종합부동산세를 조세특례제한법상 조세특례(중과세)로 볼 수 없다"고 밝혔다.

재판부는 또 "토지나 주택의 사회성·공공성이 강조될 수밖에 없다"며 "입법자가 재량에 기초해 부동산의 가격 안정을 도모함으로써 지방재정의 균형 발전 등에 이바지하고자 주택 및 토지를 예금이나 주식 등 다른 재산권의 대상과 특별히 구별해 종합부동산세법으로 규율한 것이 므로 평등의 원칙에 위반된다고 볼 수 없다"고 덧붙였다.

재산권의 본질적 내용을 침해하는지 여부에 대해서도 "주택에 대한 종합부동산세가 사유재산권 자체를 전면적으로 부정하거나 짧은 기간 내에 재산을 무상으로 몰수하는 정도로 과도해 재산권의 본질적인 내용을 침해한다고 보기 어렵다"고 설명했다.

또한 8월 14일 판결(서울행정법원 행정5부 : 김의환 부장판사)에서는, 7억 원 상당의 아파트를 보유해 종부세 부과대상에 포함된 권 모 씨가 "새로 적용된 세금은 지나쳐 취소돼야 한다"며 낸 소송에 대해, "공시 가격은 아파트 시가보다 낮게 형성돼 있어 과표 적용률 70%가 과도하지 않고 공시지가 100억 원 이상의 주택에만 최고 세율인 3%가 적용돼 그 대상자가 희소한 데다 재산세를 공제해 주는 장치도 마련돼 있다"며 2006년도 종부세 부과 기준이 지나치지 않다고 밝혔다.

재판부는 이어 "2006년 종부세 대상자의 62%가 10억 원 이하의 주택 소유자로서 그 세율이 1%에 불과하고 100만 원 이하로 과세된 경우가 46%에 이르며 300만 원 이하가 대상자의 77.2%에 해당하는 점 등에 비춰 세율이 국민의 재산권을 과도하게 침해했다고 단정하기 어렵다"고 지적했다.

재판부는 이와 함께 종부세가 땅을 팔아 거둔 수익이 아닌 '미실현 이익'에 대한 과세여서 실질과세 원칙에 어긋나며 양도세와 더불어 이중과세인 데다 지방자치제도 및 주거 이전의 자유를 침해하는 등 위헌적이라는 권 씨의 주장에 대해서도 받아들이지 않았다. 재판부는 "헌법은 입법권자에게 부동산 가격 안정과 국민경제의 발전, 토지 공급의 제한성 등을 두루 감안해 토지재산권에 대해 광범위한 재량을 부여했고 이에 따라 종부세가 마련됐다"면서 "이 세금은 일정 가액 이상의 부동산 보유 자체에 담세력을 인정해 부과되는 것이므로 원고 측 주장은 여러모로 이유 없다"고 지적했다.

재판부는 다만, 거주 목적의 주택 1채만을 소유하고 있는 자에게도 종부세를 부과하고 있는 현행 세제가 유지되면 재산권 침해가 확대될 수 있다는 점을 지적했다. "1주택자보다 다주택자나 일정 면적을 넘어선 주택 소유자에게 종부세를 부과하는 것이 입법 목적에 부합하는 점 등을 고려하면 종부세가 위헌적이지 않더라도 부동산 가격 상승과 더불어 1주택자의 재산권 침해 정도를 확대시킬 수 있으므로 세심한 입법적 규율이 요망된다"고 밝혔다.

이처럼 그간 종부세에 대한 행정법원의 판결은 기본적으로 "정부가 부동산 시장 안정과 형평성 달성이라는 정책목적 달성을 위해 입안한 종부세는 합당하다"는 취지이다. 즉, 재판부는 "종부세가 응능부담應能負擔의 원칙에 부응하는 조세를 부담하게 함으로써 소득불균형 현상의 해소에 기여하고 부동산 투기를 억제하며, 토지 보유 구성 비율의 변화를 도모하는 한편, 입법 당시까지는 보유세는 저율인 반면 거래세는 고율이었던 조세 왜곡 현상을 시정하는 데 그 목적이 있다"(2007구합 9082)고 보면서, 미실현 이득에 대한 과세 여부, 이중과세 여부, 과잉 금지의 원칙 위반 여부, 재산권의 본질적 내용 침해 여부, 평등의 원칙 위반 여부 등에 대해 모두 위헌이 아니라고 판시한 것이다. 부동산이 한국의 사회 경제 구조에서 갖는 특수성을 인정한 판결이라 할 수 있으며, 다만 1주택자에 대한 더욱 세심한 배려가 필요하다는 점을 정부에 환기시키고 있다. 한편 행정법원은 세대별 합산에 대해서는 위헌소지가 있다며 헌법재판소에 위헌법률심판을 제청한 바 있다. 세대별 합산의 위헌성 여부에 대해서는 3장 마지막에 위치한 보론을 참고하기 바란다.

# 7 1가구 1주택자에게도 중과하는 것은 징벌적 세금이다?

앞서 말했듯이 보유세는 징벌적 세금이 아니다. 종합부동산세는 소득에 대해 세금을 내는 것이 아니고, 개인이나 법인이 사회와 공공으로부터 받는 사회적 혜택과 서비스에 대해 대가를 지불하는 사용 요금의 성격을 지니고 있으므로, 1주택자라 하더라도 토지라는 사회적 서비스를 제공받는 만큼 그에 상응하는 대가를 지불하는 것은 너무나도 당연하다. 따라서 1주택자건 다주택자건, 투기 목적이건 실수요 목적이건 종합부동산세에서 예외는 없다.

앞서 말했듯이 지금 현재 우리나라의 보유세 실효세율은 선진국의 1/3 수준밖에 되지 않는다. 이는 그동안 우리나라의 부동산 소유자들이 사회로부터 받은 혜택에 비해서 터무니없이 적은 대가를 지불한 것이라고 할 수 있고, 보유세 강화는 이를 정상화하는 작업이라고 해야 할 것이다.

한편, 1주택자들을 종부세 대상에서 제외하면 다주택자들과의 형평성 논란뿐만 아니라, 대형 주택의 증가라는 부동산 시장의 왜곡을 발생시킨다. 많은 사람이 '1주택자는 실수요자'라는 생각을 바탕으로 '1주택자 종부세 감면'을 주장하고 있지만 고가의 주택을 소유하고 있는 1주택자들의 경우에도 얼마든지 투기 목적이 있을 수 있다. 만일 1주택자들에게 종합부동산세 감면 조치를 취한다면, 20억 원짜리 1채를 가지고 있는 사람은 종합부동산세 대상에서 제외되고 5억 원짜리 주택 2채를 소유한 경우는 포함되는데, 이것이 과연 정당할까? 이렇게 되면 고가 주택에 대한 투기적 수요가 폭증할 것이고 이는 다시 부동산 투기를 불붙일 도화선이 될 것이 분명하다.

요컨대, 1주택자에게도 종부세를 부과하는 것은 당연한 것이다.

# 8 소득 없는 고령자에게 종부세를 부과하는 것은 쫓아내는 짓이다?

노령층이라고 해서 면세나 감세의 대상이 될 수는 없다. 소득 없는 고령자의 경우에는 보유세를 낼 시기를 선택할 수 있게 하면 된다. 소득이 없다고 하더라도 종부세를 부담할 수 있는 고령자가 있고 그렇지 않을 수가 있는데, 만약 후자라면 납기를 유예하도록 하면 될 것이다. 즉 상속이나 증여, 매매 등 소유권 이전이 발생할 때까지 종부세 납부를 유예해 주는 것이다. 부동산 가격 상승의 수혜가 노령층이라고 해서 비켜 가지 않은 것처럼, 공평 과세의 원칙에서 노령층도 예외일 수는 없다. 더욱이 종부세는 소득세도 아니고 재산세라는 점에서 더 긴 말이 필요 없을 것이다. 또한 소득이 없어 종부세를 감당할 수 없는 고령자들에게는 주택을 담보로 연금을 받는 '역모기지론'을 확대할 수도 있을 것이다.[11]

일부에서는, 미국에서도 노인가구의 경우 보유세를 감면한다는 사례를 들어 경감을 주장하고 있다. 그러나 이는 본질을 완전히 잘못 이해한 경우다. 미국이나 독일 등의 사례는 기본적으로 저소득층에 대해 경감하는 경우로, 우리처럼 고가 주택의 경감을 주장하는 경우는 들어본 적이 없다. 이들 국가는 기본적으로 비례세율이므로 비싼 집이나 싼 집이

---

11 현재 3억 이하 주택에 대해서만 역모기지론이 시행되고 있으나, 이를 더 확대하는 방안이 추진되고 있다.

나 동일한 세율을 적용하고 있다. 즉, 우리나라에 비해 상대적으로 저가 주택의 세금 부담이 높은 것이다. 따라서 이들 국가에서는 저소득 고령자 등에 대한 경감이 필요할 수도 있겠지만, 우리는 이미 저가 주택에 대해서는 최저세율을 적용하고 있다. 앞에서 살펴보았듯이 재산세로 5만 원 이하만 부담하는 주택이 전체 주택에서 차지하는 비중이 67%에 이르지 않는가?

또 일부 학자들은 '보유세 강화－거래세 인하'의 방향에는 동의하면서도, 세금이란 부담 능력을 고려해야 하기 때문에 현재의 종부세는 과다하는 주장을 펴고 있다. "능력에 맞춰 세금을 내게 해야 한다"는 소위 응능應能의 원리다(현진권 2007; 노영훈 2007). 종부세제의 주무장관인 강만수 기획재정부 장관도 그런 주장에 따르고 있다(2008년 4월 15일). 이는 한마디로 강자의 궤변에 지나지 않는다. 극단적으로는 무능력자가 고가 주택을 구입하더라도 소득이 없다면 세금을 받지 말라는 얘기까지 가능하다. 소득이 없는 노인이 종부세 대상이 된다면 납부 유예를 할 일이지, 세금을 낮춰 주라는 것은 우리나라 모든 세제의 근간을 흔들 위험한 발상이다.

# 9 다수 국민이 종부세를 반대하고 있고, 정권 교체의 주된 이유가 종부세 때문이다?

이명박 정부가 출범하기 직전 보유세·양도세를 완화해야 한다는 응답이 74%였다는 통계(『서울경제』 2008/01/01)가 이 주장을 뒷받침하는 것처럼 보이지만, 노무현 정부 당시 여당과 대통령의 지지율이 바닥을 헤매고 있을 때인 2007년 5월 20일 여론조사를 보면 노무현 정부에 대한 지지율이 30% 정도에 불과한데도 종합부동산세에 대한 찬성은 69%에 이른다(『한겨레』 2007/05/20). 그리고 현재의 종부세 제도가 만들어진 당시만 해도 찬성률이 70%에 가까웠음을 상기할 필요가 있다.

이와 같은 여론의 변화에는 언론의 역할이 크다. 앞서 살펴보았듯이 이미 조중동은 종합부동산세 무력화에 상당히 적극적이었다. 『동아일보』(2006/11/27 사설 "종부세 대란 오나")의 경우에는 종부세 저항에 동참하는 방법까지 일러 주었고, 다음 정부는 이것을 완화해야 한다는 주장을 지속적으로 펼쳤으며, 그렇게 될 가능성이 높다고 예언까지 했다. 이런 언론 환경에서 종부세에 대한 지지도가 낮아지는 것은 어찌 보면 당연하다 할 것이다.

그러나 앞에서 언급한 것처럼 부동산 가격의 하향 안정화를 대부분의 국민이 원한다는 것을 생각한다면, 그리고 그렇게 할 수 있는 가장 좋은 방법 중의 하나가 종부세를 포함한 보유세 강화라는 사실이 대중들에게 잘 전달될 수만 있다면, 여론조사 결과는 사뭇 다르게 나올 것이다.


## 10 종부세뿐만 아니라, 양도세 중과로
## 부동산 시장이 동결되어 서민 생계가 더 어려워졌다?


이 책이 기본적으로 보유세와 종부세에 관한 쟁점을 다루고 있기는 하지만, 양도세에 대해서도 간단히 살펴보지 않을 수 없다. 소위 세금 폭탄론에서 종부세와 양도세가 함께 거론되고 있기 때문이다.

보유세가 재산을 '보유하는 데 대한' 사회적 책무라고 한다면, 양도세는 '소득이 발생한 데 대한 세금'이다. 부동산을 양도했을 때 이익이 없다면 세금을 낼 필요가 없는 것이다. 그러나 양도 차익이 있다 하더라도, 주택은 가장 기본적인 자산일 뿐 아니라 팔고 다른 주택을 사야 하는 경우가 대부분이기 때문에 일반적인 소득세와는 차이를 둔다. 1가구 1주택으로 실거래가가 6억 원 이하이면 양도세를 전액 면제해 주는 것은 그 때문이다. 외국에서도 대개 '주된 주택 1채'에 대해서는 양도세를 대폭 경감해 주고 있다.

그런데 논란이 되는 것은 두 가지다. 첫째는 1가구 1주택 중 양도세를 부담하는 6억 이상 고가 주택의 부담이 과중해 거래가 없고, 따라서 서민 경제에 어려움이 생긴다는 것이다. 둘째는 다주택자에게 50% 이상 양도세를 부과하는 것은 '징벌적'일 뿐 아니라, 미분양 해소에 도움이 되지 않는다는 주장이다.

우선 1가구 1주택 중 양도소득세를 내는 비율은 5%가 안 되고, 내더라도 실효세율은 양도 차익의 7% 이하라는 것을 확인할 필요가 있다. 양도세 때문에 집을 못 팔겠다는 것은 엄살이라는 것이다. 동결 효과와 서민 생계 운운하는 것도, 우리나라의 지나치게 높은 주택 거래 빈도 때문에 생긴 착시 현상이 깔려 있다. 곧 세제가 완화될 것을 기대하는 심리가 반영된 동결 효과라는 측면도 있다.

그러나 6억 원 이하 주택에 대해서는 양도 차익이 얼마나 크든 모두 면세인 반면, 그 이상은 차익의 크기에 관계없이 세금을 부담하기 때문에 형평성 문제가 있는 것은 사실이다. 종부세 대상이 되는 주택만 양도세까지 부담한다는 불만인 것이다. 이 때문에 조세학자들은 '6억 원 기준' 방식보다는, 가격에 상관없이 양도 차익이 발생하면 일단 과세 대상으로 하되 주택의 특수성을 감안해 소득공제 제도를 활용하자고 주장한다. 많은 선진국이 '주된 1개 주택'에 대해, '일정액 이하 양도 차익 감면', '생애 합산 양도 차익 한도' 등의 방식을 사용하고 있기 때문에 설득력이 있다. 그러나 6억 원 이하 주택이 95%를 차지하는 현 상황에서 국민 정서는 이 부분에 대해 부정적이며 정치인들도 논의 자체를 회피하는 경향이 있다. 그래서 6억 원 이상 주택의 1가구 1주택 양도세를 어떻게 깎아줄 것인지만 생각하지, 양도세 제도를 근본적으로 개선하려는 노력은 않는 것이다.[12]

또 다른 쟁점은 다주택자 양도세 문제다. 외국에서도 다주택자에게 양도세율을 더 높이는 경우는 없다고 항변하는 사람들도 있다. 맞는 얘기다. 그러나 선진국에서는 자기가 사는 집 외에 임대를 놓을 경우 임대소득세를 내고 있다. 이미 소득세를 다달이 내는 셈이다. 그러나 우리는 주택을 전세로 임대할 경우 임대소득세를 전혀 부과하지 않기 때문에, 자기가 살지 않는 주택에 대한 중과가 불가피한 측면이 있다. 또한 선진국에서도 다주택이라고 세율을 더 높게 하지는 않지만 주된 주택 1채에 대해서만 공제 혜택을 부여함으로써 사실상 차별적으로 보고 있다.

따라서 실제 이 문제가 부각되는 이유는, 주택 경기가 나쁠 때는 '있는 사람들이 여러 채를 사도록' 해야 한다는 '다주택 권장론' 때문이다. 이 생각은 아주 뿌리가 깊다. 과거 정부의 고위 경제 관료들은 거의 모두 이 생각에 빠져 있었고, 최근 한나라당이나 정부 역시 다주택 불가피 내지 다주택 권장론을 신봉하고 있다. 어떻게든 부동산 경기 부양을 통해 경제난을 헤쳐나가자는 생각이다. 그러나 이 문제는 앞뒤가 완전히 뒤바

---

12 이미 2008년 2월에 1가구 1주택 양도세의 장기보유특별공제액 한도를 80%까지 높였지만, 한나라당은 그마저 추가로 높이거나 매년 4%씩 20년이 되어야 최대 감면을 볼 수 있던 것을 더 낮추는 법 개정을 추진하려 하고 있다.

뀌었다. 있는 사람들만 집을 더 사도록 권장할 게 아니라, 분양가를 낮추고, 서민들도 집을 살 수 있도록 구매력을 높이는 것이 더 중요하다.

결국 양도세 문제는, 장기적 제도 개선 과제는 외면한 채 단기적 경기 부양과 고가 주택 소유자들의 목소리를 주로 반영하다 보니 생기는 논란이다. 특히 경기 상황에 따라 양도세를 부양 또는 억제 수단으로 사용해 왔기 때문에 '버티면 된다'는 생각이 만연해 있다. 거래 동결은 정책을 불신할수록 더 쉽게 일어난다. 즉, 언젠가 완화될 것이라는 기대가 있으면 거래는 더 동결되는 것이다. 그러므로 양도세 논의에서 가장 중요한 것은 일관성이며, 예측가능성이다. 잘못된 완화 또는 강화의 신호를 보내는 것보다는 일관성을 유지하는 것이 더 중요하다.

이와 함께 일정한 준비와 예고 기간을 거쳐, 1가구 1주택도 양도세 부과 대상에 포함하되 소득공제 방식을 도입하는 방향으로 전환해야 한다. 다만 폭넓은 공제 범위를 제공함으로써 실제 서민층에게는 불이익이 없도록 하되, 자주 거래하고 양도 차익이 클 경우 현재보다 오히려 더 많이 세금을 부담하도록 설계해야 할 것이다. 이렇게 되면 다주택 차등세율 문제도 풀 수 있다. 한 채든 여러 채든 양도 차익의 크기에 따라 과세하면 되는 것이다. 어떻든 서민 주거 보호, 주거 상향 이동 지원이라는 원칙에 따라 양도소득과세의 예외를 없애는 방식으로 제도를 개선해야 한다. 서민에게 불이익이 없다는 것을 명확히 밝히는 가운데 국민적 동의를 구하면 가능하다고 본다.

## 보론 : 세대별 합산의 합헌성 검토[13]

### 세대별 합산이 위헌이라는 주장의 근거들

서울행정법원 행정5부(재판장 김의환)는 2008년 4월 17일 종부세 2,900만 원을 부과받은 이 모 씨가 "세대별 합산 규정은 결혼한 자나 세대원이 있는 주택의 보유자를 독신 생활자보다 불리하게 대해 헌법이 보장한 평등 원칙에 위배된다"며 낸 위헌법률심판제청 신청을 받아들였다. 재판부는 "세대별 합산 규정으로 혼인을 하거나 가족을 구성한 세대는 새로 종부세 과세 대상이 되거나 과세표준이 증가해, 독신이나 이혼한 부부, 사실상 혼인 관계에 있는 부부 등에 견줘 상당한 조세상의 불이익을 입게 된다"며 "혼인과 가족생활을 보호하고 국가가 이를 보장할 것을 규정한 헌법 36조 1항에 위반될 소지"가 있다고 밝혔다.

세대별 합산 문제는 조만간 헌법재판소에서 그 위헌성 여부가 다투어지겠지만, 사실 종부세 입법 과정에서 정부나 국회 모두 고민과 검토가 많았던 부분이다. 8·31정책 입안 과정에서도 청와대와 재경부는 여러 법무법인에 자문을 구하고 광범한 여론조사를 실시하기도 했다.

세대 합산이 위헌이라는 주장은 우리 헌법상 "모든 국민은 인간으로

---

13 본 보론의 논리는 김인회, 김정진 변호사에게 많은 도움을 받았고, 이창희 교수(서울대 법대)의 『세법강의』(2008)도 참고했다.

서 존엄과 가치를 가지며, 행복을 추구할 권리를 가지고 있고"(헌법 제10조), "혼인과 가족생활은 개인의 존엄과 양성의 평등을 기초로 성립되고 유지되어야 하며, 국가는 이를 보장토록 규정"하고 있다(헌법 제36조 제1항)는 데 근거를 두고 있다. 더 나아가 "국민의 자유와 권리는 헌법에 열거되지 아니한 이유로 경시되지 아니하며, 모든 국민의 자유와 권리는 …… (법률로 제한할 경우에도 그) 본질적인 내용을 침해할 수 없도록"(헌법 제37조)한 과잉 금지의 규정도 근거로 들고 있다.

특히 금융소득종합과세 시 부부의 이자소득을 합산해 (누진세율의 고율로) 과세한 것이 2002년 8월 29일, 헌법 제36조 제1항(혼인과 가족생활의 보장)을 위배한 것이라고 헌법재판소가 결정한 것을 감안하면 자산인 부동산을 세대 합산할 경우 위헌이라는 취지이다. 즉, 종부세는 세대 합산으로 인해 그렇지 않다면 과세 대상이 아니었을 세대원 소유의 부동산이 종부세 대상이 될 뿐 아니라, 세율 역시 누진 구조로 인해 더 높아지기 때문에 혼인과 가족을 합리적인 이유 없이 차별했다는 것이다.

또한 세대 합산을 하는 이유가 세대원 간 자산의 분산 소유를 방지하기 위해서라면, 이는 별도의 증여세 등으로 세금을 부담시킬 일이지 합산으로 해결할 일은 아니라는 점도 덧붙인다.

## 세대별 합산이 합헌인 이유

세대 합산이 합헌이라는 주장은 먼저 종합부동산세의 목적에 대한 이해에서 출발한다. 종합부동산세는 "고액의 부동산 보유자에 대하여 종합부동산세를 부과하여 부동산 보유에 대한 조세부담의 형평성을 제고하고 부동산의 가격 안정을 도모함으로써 지방재정의 균형 발전과 국민경제의 건전한 발전에 이바지함을 목적"으로 한다. 이 목적은 헌법 제119조 제2항 "국가는 균형 있는 국민경제의 성장 및 안정과 적정한 소득의 분배를 유지하고 시장의 지배와 경제력의 남용을 방지하며, 경제 주체 간의 조화를 통한 경제의 민주화를 위하여 경제에 관한 규제와 조정을 할 수 있다"는 경제 조항을 직접적인 근거 규정으로 하고 있다.

따라서 종합부동산세의 세대 합산 규정은 단순히 혼인 여부에 따라 불평등이 발생했는가 아닌가, 혹은 세대 간의 공동생활에 따른 과세 금액의 차액이 발생했는가 아닌가 하는 문제에만 국한되지 않고 국민경제의 균형 있는 발전과 적정한 소득의 분배를 유지해야 한다는 헌법의 명령에 충실한 것인가 하는 점이 충분히 검토되어야 한다.

경제 조항의 경우 입법부의 재량이 상대적으로 넓게 인정된다. 왜냐하면 균형 있는 국민경제의 발전과 적정한 소득의 분배를 유지하기 위해서는 적극적인 행위를 해야 하므로 여러 가지 정책적 수단을 강구하지 않을 수 없기 때문이다. 따라서 종합부동산세의 세대 합산 규정은 헌법 제36조 제1항 혼인과 가정의 보호 규정의 본질적인 부분을 침해하지 않는 이상 헌법 제119조 2항의 규정을 적극적으로 실현하기 위한 합헌적인 규정이라고 해석할 수밖에 없다.

또한 세법은 그 특성상 전문성과 기술성을 특징으로 갖는다. 즉, 과세 대상의 바탕인 경제 현상은 계속적으로 변화하고 있어 거래 금액이나 소득 금액 및 물량의 포착에 있어 복잡하고 기술화되어 갈 뿐 아니라 경제 현상의 발전과 더불어 날로 지능화하는 조세 회피 행위에 대한 대처를 고려해야 한다. 또 세법은 재정 수요의 충족 외에 경제의 안정과 성장 등 경제정책적 기능도 고려한다. 즉 다른 법률에 비해 세법은 더 많은 입법의 재량권을 가지고 있는 것이다. 이런 면에서도 종합부동산세는 그 목적에 비추어 다른 법률에 비해 광범위한 입법의 재량권을 가지고 있고 혼인과 가정의 보호 규정의 본질적인 부분을 침해하지 않는 이상 세법 자체로서의 정당성이 인정된다.

세대 합산이 합헌이라는 주장은 이와 같은 인식을 바탕으로 종부세 세대별 합산 규정이 비록 차별적인 요소가 있는 것은 사실이지만 제119조 2항의 규정을 적극적으로 실현하는 과정에서 발생한 합리적인 이유가 있는 정당한 차별이기 때문에 헌법 11조 1항 및 36조 1항을 위반하지 않았고 따라서 합헌이라는 관점에 기반을 두고 있다.

상술하자면 대한민국 헌법은 합리적인 이유에 의한 차별을 허용하고 있는데 합리적인 이유에 의한 차별인지 여부를 판단하려면 첫째, 차별

취급을 하는 목적이 정당한지(목적의 정당성), 둘째, 방법이 적절한지(방법의 적정성), 셋째, 차별취급으로 인해 발생하는 공익이 그로 인해 침해되는 사익에 비해 더 우월한지(협의의 비례 원칙) 등을 판단해 결정해야 한다. 그런데 종부세의 세대별 합산은 합리적인 차별의 기준이라 할 목적의 정당성, 방법의 적정성, 협의의 비례 원칙을 모두 충족하기 때문에 합헌이다.


① 목적의 정당성

먼저 세대별 합산이 목적의 정당성을 어떻게 충족하는지 살펴보자. 만약 종부세를 인별 과세로 전환할 경우 종부세 과세 대상에서 제외되는 자들이 속출할 뿐 아니라 부부 공동 명의 및 세대원 명의로 광범위하게 명의 이전이 일어나 사실상 종부세가 형해화될 가능성이 높고, 이는 "고액의 부동산 보유자에 대하여 종합부동산세를 부과하여 부동산 보유에 대한 조세 부담의 형평성을 제고하고, 부동산의 가격 안정을 도모함으로써 지방재정의 균형 발전과 국민경제의 건전한 발전에 이바지함을 목적으로 한다"(종부세법 제1조)라는 종부세의 입법 취지를 근저에서부터 흔드는 결과를 초래할 것이 분명하다. 쉽게 말해 세대별 합산 과세는 단순히 조세 회피 방지 등의 과세 기술 혹은 행정 기술상의 관점으로 접근할 사안이 아니고 종부세의 입법 목적 달성을 위한 핵심 요소라는 관점으로 접근하는 것이 옳다. 이런 관점에서 보자면 종부세의 세대별 합산 과세는 목적의 정당성을 충족시킨다.

참고로 국세청에 따르면 지난해 개인 주택분 종부세 납부자는 모두 37만 9,000명이었다. 이 중 세대별 합산 방식으로 공시 가격 6억~12억 원 주택을 보유한 세대는 30만 5,000세대였다. 만약 종부세를 현행 세대별 합산에서 인별 합산으로 바꿀 경우 종부세 납부 대상자는 격감하게 된다. 여러 명의 세대 구성원 명의로 된 주택은 합산되지 않는 데다, 부부 공동 명의로 된 고가 주택 보유자들은 공시 가격 12억 원 이하면 남편과 아내가 각각 6억 원 미만의 주택을 갖는 것으로 간주되기 때문에 종부세 납부 대상에서 자동으로 빠지게 되기 때문이다. 또한 단독 명의로 고가 주택을 갖고 있는 사람들은 부부 공동 명의 혹은 세대원 공동 명의로 바꾸면 손쉽게 종부세 대상에서 제외될 수 있다. 배우자 증여 방식으로 명의를 변경하는 경우 6억 원까지 증여세를 면제받기 때문에 명의 변경에 대한 부담도 전혀 없다.

한편 공시 가격 기준 12억 원이 넘는 주택을 보유한 세대조차 부부 공동 명의로 변경할 경우 종부세 부담이 이전과는 비교할 수 없는 수준으로 줄어들게 되고 3명 이상의 세대원 명의로 변경할 경우는 아예 종부세를 면제받을 수도 있다. 지난해 공시 가격 기준 12억 원이 넘는 주택은 7만 4,000세대였다. 결국 종부세 부과 방식을 세대별 합산에서 인별 합산으로 바꾸면 부동산 투기 억제의 중핵이라 할 종부세가 완전히 무력화되는 효과를 낳게 되는 셈이다.


　② 방법의 적정성


　다음 종부세의 세대별 합산이 방법의 적정성을 충족하는지 살펴보자. 일각에서는 "부부 또는 세대원 간의 인위적인 명의 분산과 같은 가장행위 등은 상속세 및 증여세법상 증여 의제·증여 추정 등을 통하여 막을 수 있다"라고 주장하지만 증여세는 취득과세이고, 종합부동산세는 보유과세로서 과세의 근거와 취지를 달리하고 있고, 부동산 과다 보유자에 대한 종합부동산세 과세의 실효성을 기하기 위해서는 부부간, 세대 간 합산 과세의 현실적인 필요성이 존재하는 점, 부부간 증여의 경우 6억 원이라는 공제가 인정되고 증여세가 단계별 누진세율을 채택해 과세표준이 5억 원 이하인 경우 세율이 20%에 불과해 장기간의 높은 종합부동산세의 부담을 피하기 위해 증여세 제도를 이용할 가능성이 높은 점 등을 감안할 때 증여세 등 기존의 제도로는 부부 또는 세대원 간의 인위적인 명의 분산과 같은 가장행위 등을 막을 수 없다. 부부간 혹은 가족 구성원 간에 조세 회피를 위해 이루어지는 부동산의 분산 소유 행위는 증여세의 부과를 통해 방지할 수 있는데, 상속세 및 증여세법 제44조 1

항에 의한 부부간 또는 직계존비속 간의 증여 행위에 대해서 증여세를 부과하는 것이 바로 그것이다. 그러나 과연 이 규정으로, 종합부동산세 등 최근 강화되는 보유과세를 회피하기 위해 부부나 직계존비속 상호 간에 이루어지는 명의 신탁 또는 분산 소유 행위를 효과적으로 차단할 수 있을지는 의문이다. 왜냐하면 이 규정이 적용되기 위해서는 법률상 구성 요건으로 "배우자 또는 직계존비속에게 양도한 재산"이라고 규정되어 있어서 기존에 소유하던 부동산의 명의를 부부 상대방이나 가족 구성원으로 바꾸는 행위에 대해서는 증여세를 부과할 수 있지만 배우자나 직계존비속이 분산 소유를 목적으로 부동산을 신규로 취득하는 경우에는 증여세를 부과하기 어렵기 때문이다.

"부부 또는 세대원 간의 인위적인 명의 분산과 같은 가장행위 등은 부동산 실권리자 명의 등기에 관한 법률을 통해 방지할 수 있다"는 주장도 실효성이 없기는 마찬가지다. 이자소득·배당소득·부동산 임대 소득과 같은 자산 소득과 마찬가지로 우리나라에서는 이미 오래전부터 부부나 직계존비속 간에 부동산을 분산 소유하는 것이 관행처럼 굳어져 왔다. 특히 부부 상호 간에는 명의 신탁이 광범위하게 이루어져 왔기 때문에 현행 부동산 실권리자 명의 등기에 관한 법률 제8조는 부부간에 이루어지는 명의 신탁 행위의 법률적 효력을 인정하고 있다. 결국 이 규정은 부부간의 명의 신탁 행위를 통해 부동산을 취득하는 것이 우리나라에서 오랜 관행에 해당하는 것이므로 조세 포탈이나 강행 법규의 회피 등의 목적이 없다면 부부간의 명의 신탁 행위를 적법한 것으로 보고 그에 따르는 법적 효과를 부여하겠다는 취지를 갖는다. 그런데 부동산 실권리자 명의 등기에 관한 법률은, 조세 포탈, 강제집행의 면탈 또는 법령상 제한의 회피를 목적으로 하는 경우에는 부부간에 이루어지는 명의 신탁의 법적 효력을 부인하고 있으나, 이를 과세관청이 입증하기가 어려운 경우가 대부분이라는 치명적인 약점을 지니고 있다. 즉, 부동산 실권리자 명의 등기에 관한 법률을 가지고는 부부 또는 세대원 간의 인위적인 명의 분산과 같은 가장행위 등을 방지하는 데 명백한 한계가 있는 셈이다. 이 같은 점들을 감안하면 종부세의 세대별 합산은 방법의 적정성도 확보한 셈이다.

### ③ 협의의 비례 원칙

마지막으로 세대별 합산이 협의의 비례 원칙을 만족시키고 있는지 살펴보자. 주지하다시피 우리나라는 부동산의 소유 편중 현상이 극심하다. 2006년 10월 정부에서 발표한 "2005년 토지소유 현황 통계"를 보면 2005년 말 기준 우리나라 땅 부자 가운데 상위 10%(약 500만 명)가 차지하고 있는 토지 면적은 전체 개인 소유 토지의 98.3%이며, 상위 1%(50만 명)가 소유한 땅은 57%에 이르는 것으로 나타났다. 주택의 경우도 사정은 크게 다르지 않다. 2005년 현재 주택 보급률은 105.9%로 집이 남아도는 시대를 맞이했지만 자가 보유율은 간신히 60%를 넘고 있다. 또한 전체 가구의 1.7%인 29만 세대가 집을 5~20채씩 차지하고 있는 상황이다. 주택분 종부세 대상자 중 다주택자의 분포가 얼마나 되는지 살펴보면 부동산 소유 편중도의 심각성이 더욱 분명해진다. 종부세 대상자 중 '다주택 보유자'는 23만 2,000세대로, 개인 주택분 37만 9,000세대의 61.3%이며, 세액 점유율은 71.6%에 해당한다. 또한 다주택자가 소유하고 있는 주택수는 97만 8,000호로, 전체 종부세 과세 대상 주택 112만 5,000호의 86.9%에 이른다.

한편 종부세는 극소수의 부동산 과다 보유자들만 납부한다. 2007년 행자부 통계를 보면 종합부동산세의 납부 인원(그동안은 신고 납부였으므로, 정확히는 신고 대상 인원)은 2007년 기준으로 48만 6,000명이며, 주택분은 38만 3,000명이다. 주택분에서 법인을 제외하면 세대로는 37만 9,000세대로 주민등록상 전체세대의 2.0%('06년은 1.3%)에 해당하는 수준이다. 이를 다시 주택을 소유한 세대와 비교하면 3.9%('06년은 2.4%) 수준이다.

쉽게 말해 종부세는 공공재산적 성격이 강한 부동산을 과다 보유한 극소수의 사람들에게만 부과되는 세금이기 때문에 설령 세대별 합산으로 인한 차별 취급이 발생한다 해도 이로 인해 달성되는 공익——공공복리, 균형 있는 국민경제의 성장 및 안정과 적정한 소득의 분배 유지, 국토의 효율적이고 균형 있는 이용·개발과 보전, 부동산의 가격 안정을 통한 지방재정의 균형 발전과 국민경제의 건전한 발전 등—이 그로 인해 침해되는 사익에 비해 훨씬 크다고 할 것이다. 이런 관점에서 보면 종부세의 세대별 합산이 협의의 비례 원칙을 충족시킨다는 데 이견이 있을 수 없다.

한편 경제 생활의 관점에서 볼 때 부부나 가족을 하나의 단위로 취급해야 한다는 생각은 세법의 여러 곳에 드러난다. 이 생각은 소득세법상의 각종 인적공제에 드러나듯 입법부의 생각일 뿐 아니라 우리 헌법재판소가 스스로 요구한 것이기도 하다. 예를 들어 소득세법은 배우자가 있는 거주자와 배우자가 없는 거주자를 차별해 전자의 경우에만 배우자분 소득공제 등 여러 가지로 세금 부담을 경감한다(소득세법 제50조, 제51조, 제52조). 또한 상속세 및 증여세법 역시 배우자에 대한 증여나 상속은 다른 사람에 대한 증여와 상속과는 달리 배우자를 우대한다(상속세 및 증여세법 제19조, 제20조, 제53조). 경제생활의 관점에서 부부 또는 가족 구성원을 하나의 단위로 취급해야 한다는 견해는 헌재의 다른 결정에서도 잘 나타나고 있다. 헌재는 지난 1997년 이혼에 따르는 재산 분할에 관해 일정한 한도를 넘는 부분에 대해 이를 남편이 부인에게 증여한 것으로 의제해 증여세를 부과하던 구 상속세법 규정에 대해 위헌 결정을 하면서 "이혼 시의 재산 분할제도는 본질적으로 혼인 중 쌍방의 협력으로 형성된 공동재산의 청산"이며, "자신의 실질적 공유재산을 청산받는 것"이라고 결정했다(헌재결 1997. 1. 30. 96헌바14). 우리의 경험칙상 혼인 중 형성되는 재산의 상당부분은 부부 쌍방의 협력에 의해 이루어지는 것이 틀림없기 때문에, 소유 명의가 어느 일방에 귀속되어 있는 경우 재산 분할은 이러한 실질적 공유재산을 청산함에 그 본질이 있다는 것이다. 대법원 판결 역시 부부 중 일방이 상속받은 재산이거나 이미 처분한 상속재산을 기초로 형성된 부동산은 이를 취득하고 유지함에 있어서 상대방의 가사 노동 등이 직·간접으로 기여한 것이라면 재산 분할의 대상이 된다는 입장을 보이고 있다(대판 1998. 4. 10. 96므1434). 부부 일방의 특유재산일지라도 다른 일방이 적극적으로 그 특유재산의 유지에 협력해 그 감소를 방지했거나 그 증식에 협력했다고 인정되는 경우에는 분할의 대상이 될 수 있다(대판 1998. 2. 13. 97므1486). 더 나아가 대법원은 "재산 분할의 대상이 된 남편 소유의 부동산 중 대지가 남편 소유의 주택을 매각한 대금을 기초로 구입한 것이라고 하더라도 이러한 사정만으로는 그 대지가 부부 쌍방의 협력으로 이룩한 재산임을 인정함에 아무런 장애가 될 수 없고, 가사 그것을 남편의 특유재산으로 본다고 하더라도 결혼 이후 남편이 이를 취득하고 유지함에 있어서 처가 적극적이고 헌신적인 가사 노동과 가사 비용의 조달로 직접·간접으로 기여하여 특유재산의 감소를 방지한 이상 재산 분할의 대상이 된다"는 견해를 제시했다(대판 1994. 12. 13. 94므598). 이상과 같은 헌재의 결정례와 대법원의 판례를 종합해 보면 부부간에 이룩한 재산은, 비록 그것이 부동산의 경우에도 부부라는 일종의 생활공동체로부터 발생하는 필연적인 결과라고 할 수 있다. 이런 사정과, 이미 언급한 바와 같이 부부간에 부동산을 대상으로 관행처럼 이루어지는 명의 신탁 등을 고려할 때 종합부동산세의 과세 단위를 부부 또는 세대별로 합산하는 것은 합리적인 근거가 있는 것으로써 헌법 제36조 제1항에 위반하지 않는 것으로 판단된다.

또한 경제생활의 현실을 볼 때, ① 부동산의 경우 거주하는 모든 사람들이 그 혜택을 직접적이고 명확하게 얻는 데 비해, 이자소득 등 자산 소득은 원칙적으로 그 명의자에게 귀속되므로 다시 배우자나 가족에게 분배되는지 여부가 불명확하고 ② 부동산은 세대의 거의 유일하고 가장 큰 재산으로서 대부분 부부가 오랜 기간 생활하면서 공동으로 형성해 온 재산이며 사실상 세대 사이에 공유 의식이 있는 데 비해, 이자소득 등 자산 소득은 가장 큰 재산이거나 유일한 재산이 아니고 부부가 오랜 기간 동안 함께 형성한 재산이라는 관념이 없어 사실상 공유 의식이 높지 않다는 점 ③ 이에 따라 판례도 오랜 기간 공동으로 형성한 재산이라는 점을 들어 특히 부동산에 대해 재산 분할을 인정하고 있다는 점 등에 비추어 부동산에 대해 세대 합산을 통한 과세를 하는 것에 합리성이 있다고 보아야 할 것이다.

결국 종부세의 세대별 합산은 목적의 정당성, 방법의 적정성, 협의의 비례 원칙을 모두 충족시키기에 합리적인 이유가 있는 정당한 차별이라 할 수 있으며, 세법과 헌재의 결정례 및 대법원 판결을 종합해 볼 때

경제생활의 관점에서 부부 및 가족을 하나의 단위로 취급하는 것은 이미 사회적으로 확립된 원칙이라 할 것이다. 따라서 종합부동산세의 세대별 합산 과세 방식의 위헌성은 기각된다.

특기할 것은 8·31정책 발표를 한 달 앞두고 당시 야당이던 한나라당의 부동산대책특별위원회가 발표한(2005년 7월 20일) 부동산 정책에서도 '종부세 세대별 합산'이 가장 강조되었다는 사실이다. 이와 같은 점들을 살펴볼 때 헌법재판소에서 한국적 특수성에 대한 확고한 인식을 바탕으로 세대 합산에 대한 헌법적 재확인이 있을 것으로 확신한다.

# 4장. 종합부동산세를 왜곡하는 언론과 학자들

전술한 바와 같이, 학문적으로 보나 실제적으로 보나 종합부동산세를 포함한 보유세를 강화하는 것이 부동산 시장을 안정화하는 가장 중요한 방안 중 하나라는 것은 틀림없는 사실이다. 하지만 그럼에도 불구하고 이런 방향의 개혁을 지속적으로, 집요하게 반대해 온 두 개의 목소리가 있는데, 첫째가 조중동이고 둘째가 부동산 시장 만능주의 학자들이다. 후자는 전자에게 이론적·논리적 근거를 마련해 주고, 전자는 후자가 제공해 준 논리라는 뼈대에 살을 채우고 옷을 입혀서 대중에게 퍼뜨리는 역할을 한다. 아래에서는 이러한 조중동의 보도 행태와 부동산 시장 만능주의자들의 논리를 해부하고 그것을 비판해 본다.

# 1 조중동이 부동산 시장에 미치는 해악의 메커니즘

언론이 중요한 이유는 대부분의 국민들이 언론을 통해서 사회에서 벌어지고 있는 사건과 사태를 이해하기 때문이다. 대부분의 국민들은 자신의 생각이 아무에게도 영향을 받지 않는다고 여기지만 실제로는 어느 신문에서 읽은 구절이 그의 가치관과 세계관, 그리고 사회를 이해하는 방식에 지대한 영향을 끼친다. 지금까지 우리나라 주류 언론은 앞에서 이야기한 보유세 강화를 악의적으로 한결같이 반대해 왔다. 언론 시민단체인 민주언론시민연합(이하 민언련)이 2006년도 주류언론의 부동산 보도를 분석한 내용을 보면 이른바 조중동으로 상징되는 주류언론이 부동산 시장 안정화에 얼마나 큰 걸림돌이 됐는지를 알 수 있다.

민언련이 종부세 논쟁이 한창 치열했던 2006년 1월부터 11월까지 조중동에 실린 사설과 칼럼을 조사한 결과, 부동산 관련 사설은 모두 84건(『조선일보』 20건, 『중앙일보』 31건, 『동아일보』 33건)이며 칼럼은 모두 61건(『조선일보』 17건, 『중앙일보』 25건, 『동아일보』 19건)으로 분석됐다.

이들 신문의 사설과 칼럼에서 가장 자주 등장한 것은 정부의 보유세 강화 정책을 비판한 '세금 폭탄론'이었으며, '공급 확대론'과 '규제 완화론'이 그 뒤를 이었다. '공급 확대'와 '규제 완화'를 제외하면 부동산 문제에 대한 정책적 대안 제시는 거의 없었다고 한다.

조중동의 자극적이고 왜곡된 부동산 기사·칼럼·사설의 예 (2006년)

『조선일보』 "칼럼: 활빈당式 조세정책?" (2006/03/28)
  "기사: 무차별 규제·세금 폭탄 …… 온 국민이 고통" (2006/11/14)
  "사설: 반 시장주의에 주눅든 경제부총리" (2007/01/12)

『중앙일보』 "칼럼: 부메랑이 된 '세금 폭탄'" (2006/06/14)
  "사설: 집값 잡는 확실한 방법은 공급 확대다" (2006/09/30)
  "사설: 종합부동산세 이대론 안 된다" (2006/11/30)

『동아일보』 "칼럼: '세금 폭탄'의 피해자는 누구인가" (2006/04/24)
  "사설: 위헌 논란 계속될 종합부동산세" (2006/05/27)
  "사설: 市場 제압하겠다는 좌파적 오만부터 버려야" (2006/11/10)
  "사설: 종부세 대란 오나" (2006/11/27)
  "기사: 종부세 위헌 결정 나면……" (2006/12/16)

『조선일보』의 경우, 사설 가운데 '세금 폭탄론' 주장을 담고 있는 사설의 비율이 45%를 차지해, '정권 무능 비판'(45%)과 동일한 비율로 나타났다. 『중앙일보』는 '세금 폭탄론'을 담고 있는 사설이 32.3%를 차지했고, 칼럼에서는 44%를 차지해 둘 다 가장 많은 비율을 차지했다. 『동아일보』는 사설의 51.5%, 칼럼의 68.4%가 '세금 폭탄론' 주장을 담고 있었다. 이들 신문들의 사설과 칼럼을 모두 합쳐 통계를 냈을 때 '세금 폭탄론'을 담고 있는 사설이 42.9%를 차지했고, 칼럼은 50.8%로 나타났다. 부동산 관련 사설과 칼럼 중에서 거의 절반이 '세금 폭탄론'을 주장한 셈이다.

이런 분석 결과는 정부의 보유세 강화 정책을 주요 언론들이 얼마나 집요하게 흔들었는지를 보여 준다. 그리고 이들이 가장 두려워하고 무력화하기 위해 노력했던 것이 바로 '보유세 강화' 정책이라는 것을 증명해 준다.

당시의 이들 신문을 분석하다 보면 특유의 메커니즘이 등장하는데, 그것을 정리하면 다음과 같다.

① 정부 정책을 무력화시킬 수 있는 악의적인 용어를 만들어 낸다. 투기적 가수요를 억제하려는 보유세 및 양도세 현실화를 세금 폭탄이라고 공격한다. 그리고 그것의 대안으로 '공급 확대론'(부족론)을 내세운다.

② '세금 폭탄론'과 '공급 확대론'을 전파할 학자나 전문가들을 모아 지면에 배치한다. 그들은 자신들이 가진 지식을 총동원해 '세금 폭탄론'과 '공급 확대론'이 맞다는 것을 주장하면서, 정부 정책에 '좌파적' 혹은 '사회주의적'이라는 딱지를 붙인다. 정부 정책이 반反시장적이라는 것이다. 그리고 이 전문가들은 정부의 부동산 정책이 궁극적으로 실패할 것이라고 예언한다.

③ 이런 기사를 계속 접하는 시장 참가자들은 정부의 부동산 정책에 대해 불신하게 되고, 특히 서민들은 정부 말을 믿고 기다리다가는 영영 집을 못 살 수도 있다는 불안감을 느끼게 된다. 세 신문의 자기충족적 예

언self-fulfilling prophecy이 서서히 실현되어 가는 것이다. 조중동은 이런 민심의 동태를 자신들에게 유리한 논조로 빠짐없이 보도한다.

④ 야당인 한나라당은 세 신문과 비슷한 주장을 시장경제라는 이름으로 반복해서 주창한다. 한나라당은 정부의 정책을 형해화하는 법안을 끊임없이 발의한다. 여당인 열린우리당의 경제통이라고 하는 의원들도 기회가 될 때마다 동의를 보낸다. 때를 놓치지 않고 조중동은 이와 같은 태도에 대해서 지지하는 기사를 내 보낸다.

⑤ 선거에서 패배한 여당이 부동산 정책의 후퇴를 고려한다는 주장이 나오면, 세 신문은 '지금이라도 늦지 않았으니 정신 차리고 시장을 존중해야 한다'고 격려한다.

⑥ 이런 일련의 상황이 전개되면 부동산 시장은 들끓기 시작하고, 투기꾼들은 기지개를 켠다. 세입자들도 정부를 원망하며 부동산 시장에 실수요자로 등장한다. 조중동의 예언이 점점 성취되어간다.

⑦ 가격이 급등한다. 세 신문은 결국 자신들의 말이 맞았다면서 정부를 가차 없이 공격한다. 그러면서 처음에 자신들이 제시한 방향으로 가라고 호통친다. 결국 정부는 '공급 부족론'을 수용해 공급을 확대하는 정책을 발표한다. 그러면 시장이 더 요동친다.

⑧ 부동산 가격이 앙등하면 이들 신문은 얼굴빛 하나 변하지 않고 버블 붕괴를 걱정하는 기사를 내보낸다.

여론시장에 막강한 영향력을 행사하는 조중동이 거의 이런 유형의 신문기사를 반복적으로 생산해 왔기 때문에 정부가 공들여 내놓은 부동산 정책이 국민들로부터 신뢰를 얻기 어려웠고 정책의 효과도 떨어졌다. 다소 과장된 감은 있지만, 노무현 정부의 보유세 강화 정책은 조중동과의 싸움이었다고 해도 지나치지 않다.

물론 조중동의 이런 기사 내용은 지금도 계속되고 있다.[14] 한 가지 바뀐 것은 노무현 정부 때와는 달리 지금의 정부와 거대 여당인 한나라당이 이런 조중동의 기사에 편승해 보유세 강화 정책의 하나인 종부세를 무력화하려 한다는 것이다. 적어도 부동산에서만큼은 권력과 언론은 확실한 유착 관계를 보이고 있는 것이다.

## 2 종부세를 비판하는 부동산 시장 만능주의자들에게 답한다

노무현 정부 출범 이후 보수 언론과 부동산 시장 만능주의자들은 집요하게 부동산 정책을 공격했다. 1990년대 초반 무렵부터 출현하기 시

---

14 그것의 예를 들어 보면 『조선일보』 "기사: 소득 2배 뛸 때, 세금은 3배 뛰었다"(2008/02/15) "기사: 고가 주택은 여전히 '세금 폭탄'"(2008/03/07); 『중앙일보』 "사설: 부동산보유세제 전면 개편해야"(2008/07/24), "기사: 달랑 집 한 채도 '세금 폭탄' 집값 잡겠다더니 집주인 잡았다"(2008/07/26); 『동아일보』 "칼럼: 종부세 완화 타당하다"(2008/07/28), "사설: 부동산 세제, 포퓰리즘 배격하고 소신 있게 개편해야"(2008/07/29).

작한 부동산 시장 만능주의자들은 노무현 정부 부동산 정책을 둘러싼 논란 과정에서 '맹활약'을 펼치면서 영향력을 크게 확대했다. 이들은 대개 미국에서 유학한 후 대기업 산하 연구소나 대학교의 부동산학과, 경제학과에 근무하면서 부동산 관련 연구에 종사하고 있다. 이들의 영향력이 확대되기까지는 보수 언론의 지원이 큰 힘을 발휘했다. 보수 언론이 노무현 정부 부동산 정책과의 전쟁을 수행하면서 부동산 시장 만능주의자들의 이론과 주장을 수시로 소개·인용하며 핵심 무기로 활용했던 것이다. 보수 언론의 보도 내용과 부동산 시장 만능주의자들의 주장을 비교해 보면 거의 차이가 없어서, 언론들이 이들의 주장을 그대로 베껴 쓰고 있다는 느낌을 받을 정도다.

부동산 시장 만능주의자들의 주장을 전체적으로 요약해 보면, 다음과 같이 될 것 같다.

부동산 가격이 올라가는 것은 부동산 시장에서 수요가 증가해서 생기는 자연스러운 현상인데, 정부가 나서서 그것을 막으려 하는 것은 잘못이다. 투기와 투자를 구분하는 것이 불가능하기 때문에 투기만 골라내서 억제할 수 없고, 또 투기는 부동산 값의 변동 폭을 줄여주는 긍정적인 기능을 하기 때문에 억제할 필요도 없다. 사실 외국에서는 부동산 투기에 대해 우리나라처럼 정부가 요란하게 대책을 마련하는 일은 없으며, 정부의 잘못된 개입은 오히려 부동산 값 상승을 부채질할 뿐이다. 보유세 강화를 통해 투기 수요를 억제하려는 정책은 일회성 효과밖에 없으며 장기적으로는 오히려 집값이나 임대료를 상승시킨다. 정부가 굳이 부동산 값을 안정화하고자 한다면, 투기 수요를 억제하려고 할 것이 아니라 토지 공급을 묶고 있는 각종 규제를 풀어서 토지와 부동산의 공급이 원활하게 확대되도록 해야 한다.

상식에 맞지 않는 터무니없는 주장이 다수 들어 있음에도 불구하고 하도 자주 언론을 통해 보도가 되는 바람에, 많은 국민이 이들의 주장을 받아들이게 된 듯하다. 이번 기회에 부동산 시장 만능주의자들의 주장이 얼마나 많은 허구와 왜곡을 포함하고 있는지 하나하나 따져보려고 한다. 한국의 대표적인 부동산 시장 만능주의자로 김경환 교수, 김정호 원장, 노영훈 박사, 손재영 교수, 현진권 교수 5인을 선정했는데, 이유는 이들이 가장 활발하게 활동하며 큰 영향을 미치고 있다고 판단했기 때문이다.

## 김경환 교수(서강대 경제학과)

김경환 교수의 입장은 김경환(2004; 2005; 2007)에 잘 드러나 있는데 그의 핵심 주장은 다음과 같다.

첫째, 보유세를 강화하면 단기적으로는 주택 매매가격이 하락하지만, 그것은 신규 주택 공급의 채산성을 떨어뜨리고 주택 공급을 위축시켜서 장기적으로는 임대료를 끌어올린다.

둘째, 보유세 강화가 주택 가격을 내리는 효과는 단기 혹은 일 회에 그친다. 이 말은 보유세 강화 정책의 부동산 가격 안정화 효과가 제한적이라는 뜻도 담고 있다. 김경환 교수는 그 증거로 미국의 사례를 제시한다. 미국 주요 도시의 경우, 부동산보유세인 재산세의 실효세율과 주택 가격 상승률 간에 양(+)의 상관관계가 존재한다—재산세 실효세율이 높은 도시의 주택 가격 상승률이 낮다는 증거는 없다—는 것이다.[15]

셋째, 현재 우리나라의 보유세 부담은 소득을 기준으로 볼 때 미국보다 낮지 않으며, 보유세 강화론자들의 주장대로 실효세율을 1% 수준으로 높일 경우 부동산 가치 대비 소득의 비율이 낮은 우리나라의 경우 소득 대비 보유세 부담이 미국에 비해 훨씬 높아질 것이다.

결론적으로 종부세는 단기적으로는 과세 대상을 축소하고 인상률 상한을 낮추는 방식으로 완화하다가, 장기적으로는 폐지하는 것이 바람직하다. 은퇴 노령 가구에 대해서는 세금을 감면하거나 납부연기제도를 적용할 필요가 있다.

그렇다면 이제 위의 내용 하나하나에 대해 비판해 보기로 하자.

첫째, 보유세를 강화하면 장기적으로 주택 재고가 감소해 임대료가 상승할 것이라고 하는 주장에 대해. 이 주장에는 중대한 오류가 포함되

---

15 재미있는 사실은 노영훈(2007)이 다른 연도의 통계를 사용하여 미국 주요 도시의 재산세 실효세율과 주택 가격 상승률 간의 상관계수를 계산한 결과, 그 값이 -0.16으로 나왔다는 점이다.

어 있다. 부동산보유세가 건물보유세로만 되어 있다면 이 주장이 옳지만 부동산보유세에는 토지보유세도 포함되어 있다. 건물보유세는 임대료에 전가되지만 토지보유세는 전가되지 않는다는 것은 경제학에서는 익히 알려진 사실이다. 보유세가 임대료에 전가된다고 하는 이유는 조세 때문에 공급이 줄어들고 그 결과 임대료가 올라간다고 보기 때문이다. 그렇다면 부동산보유세가 주택의 공급을 감소시킬까? 물론 건물보유세 강화는 건물 가격을 하락시켜 신규 주택 공급의 채산성을 떨어뜨리고 건물 공급을 감소시킨다. 하지만 토지보유세 강화는 토지 가격을 하락시키기 때문에 거꾸로 신규 주택 공급의 채산성을 높이는 효과가 있다. 또 토지보유세를 강화하면 토지 소유자에게 토지 이용을 효율적으로 하도록 압박하는 효과가 나타나고 택지 공급도 늘어난다. 이 경우 주택 공급은 장기적으로 증가하게 된다. 따라서 토지보유세와 건물보유세가 결합되어 있는 부동산보유세를 강화할 경우, 장기적으로 주택 공급이 줄어들지 늘어날지, 그리고 주택 임대료가 상승할지 하락할지 단정적으로 말하기 어렵다.

둘째, 보유세 강화 정책의 가격 안정화 효과가 단기 혹은 일 회에 그친다는 주장에 대해. 부동산 시장이 완전경쟁시장인 경우, 보유세 강화 계획이 발표되면 조세의 자본화 효과가 발휘되어 부동산 매매가격이 미래 세금 부담 증가분의 현재 가치만큼 즉각적으로 떨어진다. 이 경우 보유세 강화 정책의 가격 안정화 효과는 김경환 교수의 주장대로 단기 혹은 일 회에 그친다. 그러나 현실 시장에서는 조세의 자본화 효과가 충분하게 발휘되지 않는다. 왜냐하면 시장 참가자들이 정책의 지속 가능성을 믿지 않기 때문이다. 따라서 보유세 강화 정책이 가격 안정화 기능을 제대로 발휘하려면 실제로 계속해서 부과되는 것이 중요하다. 강화된 보유세가 매년 실제로 부과되기 시작하면 보유 비용 효과가 발휘되기 때문이다. 즉 보유세 부담이 증가하면 부동산 소유자들은 부동산 보유 비용이 늘어난 것으로 느끼고 보유 비용을 줄이려는 노력을 하게 되는 것이다. 그럴 경우 보유 부동산을 매각하려는 사람들이 증가하고 그 결과 부동산 가격은 하락한다. 이때 가격 하락은 즉각적으로 일어나는 것이 아니라 상당히 오랜 기간에 걸쳐서 진행된다. 그러므로 보유세 강화 정책의 가격 안정화 효과가 단기 혹은 일 회에 그친다는 주장은 현실과 맞지 않다.

또 설령 가격 하락이 단기적(일회적)인 현상이라 하더라도, 단기적(일회적)이냐 아니냐는 종부세에 대한 비판으로서의 초점을 벗어난 것이다. 종부세의 주목적은 가격을 장기적으로 또 반복적으로 내리는 것이 아니라, 현실의 가격 중 투기적 가수요 때문에 부당하게 부풀려져 있는 가격을 내리는 데 있기 때문이다. 종부세가 투기적 가수요를 줄이는 데 효과가 있다는 데 대해서는 김경환 교수도 동의할 것으로 믿는다.

김경환 교수는 미국 주요 도시들의 재산세 실효세율과 부동산 가격 상승률 간에 양의 상관관계가 성립한다는 사실을 근거로, 보유세 부담을 높인다고 해서 부동산 가격이 안정된다고 할 수는 없다고 주장한다. 그러나 김 교수 자신도 인정하듯이 이 상관계수는 다른 변수들을 통제하지 않은 상태에서 구한 것이며, 통계적으로 유의미한지 검정되지도 않았다. 통계학에서는 이처럼 다른 변수들을 통제하지 않은 상태에서 두 변수의 관계를 도출하고 거기에 인과성을 부여하려는 시도에 대해 엄격하게 경계한다. 보유세 강화가 부동산 가격을 안정화하는 효과가 없다는 식의 상식을 뒤엎는 주장을 하면서 이렇게 허술한 논거를 제시하는 것은 합당하지 않다.

김 교수는 미국의 사례를 소개하면서, 자기 의도와는 달리 대단히 중대한 정보를 한 가지 제공하고 있다. 김경환(2004)에서는 미국의 주요 도시들의 재산세 실효세율을 보여 주는 표를 제시하고 있는데, 이 표에서 우리는 미국의 도시 중 재산세 실효세율이 무려 4%를 넘는 곳이 있다는 사실을 발견할 수 있다. 그곳에 특수한 사정이 있는지 알 수 없지만, 우리도 보유세 실효세율의 목표를 1%보다 더 높여 잡아도 되는 것 아닌가 하는 생각이 든다.

이 점과 관련해 김경환 교수의 우군에 속하는 노영훈 박사의 연구에 흥미로운 내용이 들어 있다. 노영훈(2004)에서는 우리나라의 토지보유세 및 토지 관련 조세들이 지가 변화에 어떠한 영향을 미쳤는지를 실증 분석한 결과를 보고하고 있는데, 그 내용은 다음과 같다. 이전과세가 지가 지수에 미치는 영향은 그리 크지 않다. 충격이 가해진 후 3년간은 지가상승률이 점점 더 높아지나 이후 점차 그 효과가 줄어들면서 12년 정도 지나면 완전히 사라지는 것으로 나타났다. 반면 보유과세의 경우 충격이 가해진 직후부터 바로 지가 하락 효과를 보이며 다른 세목에 비해 상대적으로 그 효과가 큰 편이다. 2년 이후에는 점차 그 효과가 줄기 시작하지만 8년 이상 영향을 미치는 것으로 나타났다. 양도과세는 충격이 가해진 직후에 미미하나마 지가를 상승시키는 효과를 가지나 2년 후부터는 지가를 하락시키는 효과를 나타내며 3년을 정점으로 지가 하락 효과가 서서히 줄어드는 것으로 나타났다. 요컨대 노영훈(2004)의 실증 분석 결과는 보유세 강화 정책의 가격 안정화 효과가 단기적이며 제한적이라는 김경환 교수의 주장을 지지해 주지 않는다.

셋째, 소득을 기준으로 볼 때 현재 우리나라의 보유세 부담은 미국보다 낮지 않으며 보유세 실효세율을 1%로 올릴 경우 소득 대비 보유세 부담이 미국보다 훨씬 높아질 것이라는 주장에 대해. 소득세가 아닌 부동산보유세의 부담을 논하면서 소득을 기준으로 삼는 것 자체가 적절하지 않다. 부담 능력을 고려하기 위한 것이라면 소득뿐 아니라 다른 자산까지 고려하는 것이 합당하다. 그리고 소득을 기준으로 보유세 부담을 계산하는 것을 용인한다고 하더라도 우리나라의 소득 대비 보유세 부담이 미국에 비해 낮지 않다는 것은 근거가 없는 이야기다. 김경환 교수가 이런 주장을 하는 논거는 다음과 같다.

$$\frac{보유세}{소득} = \frac{주택가격}{소득} (PIR) \times \frac{보유세}{주택가격} (실효세율)$$

이 간단한 식을 생각하면, 소득 대비 보유세 부담은 소득 대비 주택 가격 비율[PIR]과 보유세 실효세율을 곱한 값으로 표시할 수 있음을 금방 알 수 있다. 김경환 교수는 우리나라의 보유세 실효세율은 미국에 비해 낮지만, PIR은 미국에 비해 높기 때문에 소득 대비 보유세 부담은 양국 간에 차이가 없다고 주장한다. 하지만 계산이 틀렸다. 김경환(2007)에서는 2004~06년 사이 미국의 PIR은 3.8, 한국의 PIR은 6.4(서울은 8.9)라고 밝히고 있다. 이 시기 한국의 보유세 평균 실효세율은 0.2%이고 미국의 보유세 평균 실효세율은 1.5%이므로 이 수치들을 대입해서 양국의 소득 대비 보유세 부담을 계산해 보면 미국은 5.7%, 우리나라는 1.28%이다. 미국이 우리나라의 4.5배 수준이다. 소득을 기준으로 하더라도 우리나라가 미국보다 보유세 부담이 훨씬 낮은 것이다.

또 『매일경제』 2007년 3월 19일자 기사에 의하면, 김경환 교수는 한국에 대해서는 보유세 실효세율은 시가 10억 원(공시 가격 8억 원)짜리 주택[16]의 실효세율(0.4%)을, PIR은 전국 평균치보다 높은 서울의 PIR(8.0)을 사용한 반면, 미국에 대해서는 보유세 실효세율은 평균치보다 낮은 1%를, PIR은 전국 평균치인 3.7을 사용해 계산을 하고 있다. 한국의 전

16 우리나라 공동주택의 공시 가격별 분포(2006년도)를 보면 6억 원을 초과하는 주택이 전체의 1.6%에 불과한데, 공시 가격 8억 원이라면 대략 전체 주택 가운데 상위 1%에 해당하는 주택이라고 보아도 무방할 것이다.

체 평균과 미국의 전체 평균을 비교하든지, 아니면 한국 대도시의 고가 주택과 미국 대도시의 주택을 비교하든지 해야 함에도, 김경환 교수는 한국 대도시의 고가 주택과 미국 평균(엄밀히 말하면 평균 이하)을 비교하는 이상한 방법을 사용한 것이다.

그리고 우리나라의 보유세 실효세율을 현재 수준에서 미국 수준으로 끌어올리면 '보유세/소득'의 값이 미국보다 훨씬 높아진다는 주장도 엉터리다. 백보 양보해서 현재 소득 대비 보유세 부담이 양국 간에 비슷하다고 하자. 김경환 교수는 우리나라의 보유세 실효세율을 끌어올리면 위 식 우변의 값이 증가하므로 당연히 '보유세/소득' 값이 상승한다고 생각한 것 같다. 하지만 만일 보유세 실효세율 인상이 PIR을 떨어뜨린다면 이야기는 달라진다. 실제로 보유세 실효세율이 상승하면 주택 가격은 떨어질 것이고 또 시간이 갈수록 소득은 상승하는 경향이 있기 때문에 PIR은 하락할 수밖에 없다. 그러므로 보유세 실효세율을 끌어올릴 때 '보유세/소득' 비율이 올라갈지 내려갈지는 알 수 없다.

이상에서 김경환 교수가 보유세 강화 정책의 무용성을 논증하기 위해 동원하는 논리들이 대부분 근거가 없거나 틀렸음이 입증되었다. 따라서 "종부세는 단기적으로는 과세 대상을 축소하고 인상률 상한을 낮추는 방식으로 완화하다가, 장기적으로는 폐지하는 것이 바람직하다"는 김 교수의 결론은 기각되어야 마땅하다. 김 교수의 주장 가운데 은퇴 노령 가구에 대해 종부세 납부 연기 제도를 제안하고 있는 점은 받아들일 만하지만, 세금 감면과 납부 연기를 같은 차원에서 다루는 무원칙한 태도를 보이고 있다는 점에서 문제가 있다.


## 김정호 원장(자유기업원)

자유기업원의 김정호 원장이 종부세에 대해 비판하는 논거는 크게 두 가지다. 첫째, 보유세를 중과하면 세금만큼 부동산 가격이 떨어지겠지만 신규로 매수하는 사람에게는 떨어진 부동산 가격만큼 세금 부담이 생기기 때문에 주거비 부담이 낮아지지 않으며 오히려 주택 공급을 위축하는 효과가 있기 때문에 주거 환경을 악화시킨다는 것(김정호 2005, 85-89), 둘째, 보유세는 국세가 아닌 지방세로 해야 한다는 것이다. 그럼 이것을 평가해 보자.

먼저 김 원장은 자신도 인정한 바 있는 보유세의 자본화 효과를 지나치게 과소평가하고 있다. 투기가 기승을 부리고 부동산 가격이 폭등할 때 보유세의 자본화 효과로 인해 부동산 가격이 떨어지는 것이 그렇게 쉽게 무시될 일일까. 또한 보유세의 자본화 효과는 완전경쟁시장과는 거리가 먼 현재의 부동산 시장 상황을 감안할 때 시장 참여자들의 투기 심리를 진정하는 데 큰 영향을 미칠 것이 분명하다. 합리적인 경제 행위자라면 보유세를 부담하고도 불로소득을 얻을 수 있다는 확신이 없다면 이전처럼 부동산 투기에 과감히 나서기는 어려울 것이기 때문이다.

물론 완전경쟁시장에서 보유세가 총주거비 부담에 영향을 주지 않는다는 김 원장의 말은 옳다. 그러나 보유세의 주된 목적은 불로소득 환수이므로 보유세를 제대로 비판하려면 총주거비 문제를 거론할 게 아니다. 불로소득 환수가 필요 없다거나 보유세는 불로소득 환수의 적절한 수단이 아니라고 해야 한다. 뿐만 아니라 김정호 원장의 생각과는 달리 현실에서는 보유세가 총주거비까지 줄여준다. 투기적 가수요로 인해 거래 가격이 정상가격보다 부풀려진 현실에서는 보유세로 인해 투기적 가수요가 줄어들면서 거래 가격이 정상가격 쪽으로 하향 이동하기 때문이다.

보유세 중과가 오히려 주택 공급을 위축시켜 장기적으로는 주거 환경의 악화로 이어질 것이라는 김 원장의 비판도 그릇된 것이다. 물론 건물에 보유세를 중과하면 주택 공급이 줄어드는 효과를 발생하는 것은 사실이다. 그러나 종부세는 주택뿐만 아니라 토지에도 부과되기 때문에 보유세에 부담을 느끼는 토지 소유자들이 자신들이 가지고 있는 토지를 시장에 출하하게 되고 이는 토지 가격 하락으로 이어진다. 토지 가격이 하락한 시장상황에서 주택의 공급이 늘어나는 것은 정한 이치다. 요컨대 종부세 부과로 인해 위축될 주택 공급은 토지 가격의 하락으로 인한 주택 공급으로 충분히 상쇄된다는 말이다.

또한 보유세는 가수요를 줄이는 작용을 한다. 가수요를 충족하기 위한 공급은 줄어도 아무 지장이 없다. 아니, 지장이 없는 정도가 아니라 필요하다. 이런 공급 감소는 시장을 정상화시켜 자원의 낭비를 막는 과정이다.

한편 김정호 원장은 "토지보유세는 응익적 성격이 강하므로 지방세로 해야 한다"(2005, 100-101)고 주장하면서 국세인 종부세에 대해 비판적인 입장을 취하고 있다. 그러나 이는 버블세븐 지역의 경우만 보더라도 잘못된 것임을 알 수 있다. 버블세븐 지역의 토지 가격이 높은 것은 그 지역의 인프라가 다른 지역보다 우수하기 때문이고 이런 인프라를 구축하는 데에는 중앙정부의 역할이 지방정부 이상이었다고 평가해야 하기 때문이다.

백 보를 양보해서 토지보유세의 '응익적 성격'(토지보유세는 토지 소유자가 받는 정부 서비스에 상응하는 세금이라는 뜻)을 인정한다 해도 보유세를 국세로 하지 못할 이유가 전혀 없는 것이다.


## 노영훈 박사(한국조세연구원)

종부세와 보유세에 대한 노영훈 박사의 입장은 최근 발간된 보고서(노영훈 2007)에서 상세하게 피력되고 있다. 이 보고서의 내용은 2008년 2월 말 여러 언론에 보도됨으로써 세간에 널리 알려졌다. 이 보고서의 내용 중 종부세 관련 주요 내용은 다음과 같다.

첫째, 우리나라의 재산 과세[17]는 OECD 국가들 중 매우 높은 편이고, 부동산보유세는 OECD 국가들 중 평균적인 수준이다. 따라서 우리나라의 부동산보유세는 흔히 이야기되는 것과는 달리 낮다고 단정할 수 없다.

둘째, 보유세 강화 정책은 부동산에 대한 세후투자수익률을 낮추는 효과가 크지 않기 때문에, 종부세를 중심으로 한 보유세 강화 정책을 부동산 가격 안정화 목적으로 활용하는 것은 적절하지 않다. 예컨대 미국의 경우 51개 주요 대도시들의 주택 가격 상승률과 재산세 실효세율 간의 상관계수가 -0.16 정도의 값을 갖는 것으로 계산되어서 양자 간에 상관관계가 있다는 가설이 기각된다. 즉 "재산세 실효세율이 높다는 것과 그러한 도시의 주택 가격이 안정적인지는 아무런 (선형) 상관관계가 없다"(노영훈 2007, 51).

셋째, 우리나라 가구의 경상소득과 주택 자산 가액 간의 상관계수가 낮기 때문에,[18] 주택 자산 가액을 기준으로 과세하고 있는 현행 주택분 종부세와 주택분 재산세는 경상소득을 기준으로 볼 때 형평성에 문제가 있으며, 세금을 경상소득으로 납부한다는 점을 생각할 때 납부 세액 확보 측면에서 애로(즉 조세 저항)를 야기할 수 있다.

---

17 여기서 재산이란 부동산뿐만 아니라 금융자산도 포함하는 개념이다. 재산 과세에 포함되는 세목은 지방재산세, 순부유세, 상속세, 증여세, 취득세, 등록세, 증권거래세 등이다.
18 노영훈(2008)에서는 심지어 "한 가구의 경상소득과 소유한 주택자산 가액 간에는 **상관관계가 존재하지 않는다**"고 쓰고 있다.

위의 내용들을 근거로 해서 노영훈(2007)이 종부세에 대해 내리고 있는 결론은 "현재의 종합부동산세는 순부유세나 종합재산세로의 이행을 염두에 두지 않았다면 궁극적으로 폐지하는 것이 바람직하다"(노영훈 2007, 97)는 것이다.

그렇다면 이제 위의 내용 하나하나에 대해 비판해 보기로 하자.

첫째, 우리나라 부동산보유세 부담이 낮다고 단정할 수 없다는 주장에 대해. 우리나라의 보유세 부담이 선진국보다 너무 낮은 것 아니냐고 말하면, 조중동 등의 주류 언론들과 부동산 시장 만능주의자들은 우리나라의 재산 과세(보유세가 아니다!)가 매우 높은 편이라고 답한다. 동문서답의 전형이다. 노영훈 박사도 이런 경향에 영향을 받은 모양이다. 부동산보유세 부담을 논하는 자리에서, 금융자산에 대한 과세와 부동산 거래세까지 포함하는 재산 과세를 언급하는 이유가 무엇인지 궁금하다. 보유세 강화론자들 중에 우리나라의 재산 과세가 선진국에 비해 낮다고 말하거나 낮은 재산 과세를 강화하자고 말하는 사람은 한 사람도 없다. 혹시 보유세와 재산 과세를 구별할 줄 모르는 국민에게 우리나라 보유세가 매우 높다는 착각을 심어주기 위한 저의가 깔려 있는 것은 아닌지 의심스럽다.

노영훈 박사는 여기서 한 걸음 더 나아간다. 우리나라의 부동산보유세 부담이 OECD 평균 수준은 되기 때문에 결코 낮은 것이 아니라고 말하고 있기 때문이다. 노영훈 박사가 우리나라 부동산보유세 부담이

OECD 평균 수준이라는 사실을 입증하는 방식이 무척 재미있다. 우리나라를 포함한 OECD 8개국의 '보유세/조세총액' 비율의 추이를 그래프로 그려놓고는 우리나라보다 낮은 나라가 셋 있으니까 우리나라는 평균 수준이라는 식이다. 전문 학자가 했다고 하기에는 믿기 어려울 정도로 허술한 논증 방식이다. 왜 이 비율의 OECD 국가 평균치를 제시하지 않을까. 2003년 현재 이 비율의 OECD 30개국 평균치는 2.8%, 우리나라는 2.2%로, 우리나라는 분명 OECD 평균에 미달하고 있다. '보유세/GDP' 비율을 가지고 비교하면 우리나라와 OECD 평균과의 격차는 더크게 벌어진다. 즉 2002년 현재 이 비율의 OECD 30개국 평균치는 0.89%, 우리나라는 0.54%로, 우리나라는 OECD 평균에 크게 미달하고 있다(김경환 2007, 〈표 1〉 참조). 특히 선진형 보유세제를 갖추고 있는 미국, 영국, 캐나다, 일본 등과 비교할 때 우리나라의 보유세 부담이 너무 낮다는 평가가 나올 수밖에 없다.

둘째, 보유세 강화 정책은 부동산 가격 안정화 정책으로는 적절치 않다는 주장에 대해. 간단한 것부터 지적하자. 미국 51개 주요 대도시들의 주택 가격 상승률과 재산세 실효세율 간의 상관계수가 -0.16의 값을 가지므로 양자 간에 상관관계가 있다는 가설이 기각된다는 노영훈 박사의 주장은 정말 터무니없다. 노 박사는 이 가설을 통계적으로 검정하지 않은 것 같다. 검정을 했다면, 분명 해당 표(〈부표 5〉)에 결과를 기록해 두었을 것이기 때문이다. 만일 통계적 검정을 하지 않은 채 단지 상관계수가 작은 값을 가진다는 이유만으로 양자 간에 상관관계가 있다는 가설이 기각된다고 서술했다면, 이는 통계학의 ABC도 모르고 있다는 이야기다. 더욱이 부동산 가격 상승률에 영향을 미치는 다른 중요 변수들을 통제하지 않은 상태에서는 상관계수의 크기는 별 의미가 없다. 여기서의 논점은 다른 통제 변수를 감안한 상태에서 과연 재산세 실효세율이 주택 가격에 영향을 주는가, 주지 않는가 하는 것이다. 단순 상관계수는 실효세율과 주택 가격의 인과성을 밝혀내지 못할 뿐 아니라 사람들을 현혹한다. 그런데도 어떻게 노영훈 박사는 재산세 실효세율이 도시 주택 가격 안정에 기여하지 않는다는 식의 용감한 주장을 하는지 의아할 따름이다.

보유세 강화 정책이 부동산의 세후투자수익률을 낮추는 효과가 크지 않다고 하는 주장도 근거가 없기는 마찬가지다. '세후투자수익률 = 예상가격 상승률 − 보유세 실효세율'이라고 할 때, 노영훈 박사의 주장은 예상가격 상승률이 높은 상황에서 보유세 실효세율을 높여 봤자 세후투자수익률은 그다지 낮아지지 않는다는 것이다. 하지만 이는 틀린 주장이다. 왜냐하면 보유세를 강화하면 보유세 실효세율이 올라갈 뿐 아니라, 조세의 자본화 효과가 작용하고 투기적 가수요가 억제되어 예상가격 상승률이 떨어지기 때문이다. 이처럼 보유세를 강화하면 조세의 자본화 효과를 통해 부동산 가격이 떨어진다고 하는 것은 교과서에 나오는 상식적인 이야기이고 심지어 보유세의 가격 인하 효과를 폄하하는 김경환 교수조차 인정하는 사실임에도 이를 애써 부정하려는 이유가 무엇인지 궁금하다. 혹 노영훈 박사는 보유세 강화론자들이 보유세 강화 정책 한 가지만으로 부동산 가격을 안정화하려고 한다고 오해한 것은 아닌지 모르겠다. 그러나 그렇게 생각하는 보유세 강화론자들은 한 사람도 없다. 보유세 강화론자들은 대개 보유세 강화 정책이 부동산 가격을 안정시키는 효과를 발휘하지만, 미시적 금융정책, 적절한 주택 공급 정책, 개발이익 환수 정책 등과 결합될 경우 그 효과는 더욱 강력해진다고 믿고 있다.

셋째, 주택 자산 가액을 기준으로 과세하는 현행 주택분 종부세와 주택분 재산세는 경상소득을 기준으로 볼 때 형평성에 문제가 있다는 주장에 대해. 노영훈 박사는 우리나라 가구의 경상소득과 주택 자산 가액 간 상관계수의 수치가 낮다는 사실을 매우 중요하게 취급하지만, 경제학자들은 보통 그보다는 그것이 통계적 유의성을 갖는지 여부에 주목한다. 마침 노영훈(2007)에서는 경상소득과 주택 자산 가액 간에 상관관계가 있다는 가설이 매우 높은 통계적 유의성을 갖는다고 보고하고 있다. 다른 경제학자라면 당연히 여기에 주목해 경상소득과 주택 자산 가액 간에는 상관관계가 존재한다고 결론을 내렸을 텐데, 노영훈 박사는 낮은 상관계수 값에 주목해 양자 간에는 상관관계가 존재하지 않는다는 정반대의 결론을 내리고 있다. 조세연구원을 대표하는 유명 경제학자가 통계학의 원리를 모를 리 없다고 한다면, 결국 자신의 주장을 강변하기 위해 분석 결과를 억지로 해석했다고 볼 수밖에 없다.

데이터 중에 비정상적 케이스들이 포함되어 있는 경우, 실제로는 두 변수 간에 밀접한 관계가 있음에도 상관계수의 값은 낮아질 수 있다. 현재 우리는 노영훈 박사가 사용한 원자료에 접근할 수 없기 때문에 상관계수의 값이 왜 낮게 나왔는지 구체적으로 확인할 길이 없다. 단, 노영훈 박사가 제시한 표(〈표 III-9〉)에 나와 있는 각 소득분위별 평균치를 가지고 경상소득과 주택 자산 가액 간의 상관계수를 계산해 보면, 0.977이라는 엄청나게 높은 수치가 나온다. 이는 상관계수 값이 낮게 나온 것이 실제로 두 변수 간에 관계가 없어서가 아니라 위에서 말한 데이터의 특성이나 분석 방법의 문제 때문에 생긴 결과임을 강력하게 시사한다. 경제학자들은 이런 문제를 피하기 위해서 보통 상관계수분석보다는 회귀분석을 한다. 회귀분석이란 어떤 변수(종속변수)가 다른 변수(설명변수)들에 의해 설명된다고 보고, 그 함수 관계를 조사하는 통계 분석 방법이다. 경제학자들은 단지 변수 간 관계의 밀접도만을 분석하는 상관분석보다는 회귀분석을 더 선호한다. 노영훈 박사도 당연히 회귀분석을 해보았을 텐데, 왜 그 결과를 보고하지 않고 논란의 여지가 큰 상관계수 값을 가지고 무리한 주장을 전개하는지 이해할 수 없다. 노영훈 박사가 억지 해석을 했다는 비판을 면하고 싶다면 회귀분석 결과를 제시해야 할 것이다.

물론 소득은 낮은데 주택 자산 가액은 높은 가구들이 실제로 존재할 것이다. 아마도 부모나 다른 사람에게서 주택을 증여받은 사람들이거나 대출받아서 무리하게 주택을 구입한 사람들이리라. 이런 사람들에게 단지 경상소득이 낮다는 이유만으로 세제상의 혜택을 주는 것이 정당한 일인가? 이들 중에는 은퇴 고령자처럼 정당한 사유를 가진 사람들도 있을 것이다. 그러나 그 비중은 극히 미미하고 이들의 문제는 종부세 납부 유예 제도를 적용하면 간단히 해결된다.

사실 소득이 아니라 부동산 가치를 과세 대상으로 하는 보유세를 논하면서 소득에 집착하는 것 자체가 난센스다. 만일 보유세를 논하면서 소득을 따지는 것이 옳다고 한다면, 다른 세금을 논할 때도 그렇게 하는 것이 옳다. 노영훈 박사가 다른 세금을 논할 때도 소득에 그렇게 집착할지 무척 궁금하다.

전체적으로 볼 때, 노영훈(2007)의 내용은 견강부회牽强附會의 전형이라 할만하다. 통계학의 기초 원칙도 지키지 않은 분석이 군데군데 나오고 그것을 아무렇지 않게 무리한 주장의 논거로 활용하고 있기 때문이다. 진실은 그의 주장과는 정반대다. 즉, 우리나라의 보유세 부담은 선진국에 비해 매우 낮다. 보유세 강화 정책은 분명히 부동산 가격을 안정시키는 효과를 발휘한다. 우리나라 가구의 경상소득과 주택 자산 가액 간에는 상관관계가 존재한다. 따라서 소득을 기준으로 보더라도 종부세를 중심으로 한 보유세 강화 정책은 형평성을 침해하지 않는다.

**손재영 교수(건국대 부동산학과)**

부동산보유세 강화와 관련된 손재영 교수(2006; 2007)의 비판은 크게 세 가지로 정리할 수 있다. 첫째는 우리나라의 총조세 대비 보유세 비중은 낮으나 부동산 관련 세금(보유세+거래세) 비중이 OECD 국가 중에서 세 번째로 높다는 것, 둘째는, 보유세가 강화되는데 양도세도 중과되어 주택소유자가 진퇴양난에 빠졌다는 것, 셋째는, 주택에 대한 보유세 강화는 주택 공급을 위축시켜 주택 가격의 폭등을 초래할 수 있다는 것으로 요약된다. 그러면 이것을 하나하나 검토해 보자.

첫째, 손재영 교수가 말한 대로 우리나라가 보유세 비중은 낮으나, 전체 재산 과세 부담은 OECD 국가 중 세 번째로 높다는 것은 무엇을 의미하는가? 그것은 앞에서 살펴본 것처럼 우리나라의 부동산 세제가 아직도 보유세는 낮고 거래세는 높은, 상당히 '비정상적 구조'라는 뜻이다. 그러면 보유세를 후퇴시켜서 재산 과세 부담을 낮춰 줘야 하나? 손 교수의 글에는 명시적으로 드러나지 않았지만, 정황상 그가 이런 주장을 하고 있다는 것을 쉽게 알아챌 수 있다. 하지만 그것은 잘못된 주장이다. 비정상적인 부동산 세제 구조[19]는 '정상적 구조'로 바꿔야 하고, 그러려면 '보유세 강화·거래세 인하'의 개혁이 계속 추진되어 한다. 역설적이게도 손 교수의 주장은 부동산 세제 개혁이 아직 진행 중이라는 것, 그리

---

19 '낮은 보유세, 높은 거래세'가 비정상적이라고 하는 이유는 높은 거래세는 시장경제의 생명인 거래를 위축하고, 낮은 보유세는 불로소득을 노린 투기적 가수요를 촉발하기 때문이다.

고 그런 개혁이 왜 계속 진행되어야 하는지를 보여 준다고 할 수 있다.

둘째, 보유세가 강화되는데, 양도세도 중과되어 팔 수도 없고 그렇다고 안 팔 수도 없다는 손 교수의 주장은 실상을 왜곡한 주장이다. 일단 사실관계부터 확인해 보자. 잘 알려져 있듯이 양도세는 1가구 1주택의 경우 6억 원을 넘지 않는 한 부과되지 않고, 6억을 초과한 고가 주택에만 부과된다. 그런데 여기서 중요한 사실은 고가의 1가구 1주택자가 부담하는 양도세의 평균을 내보면 양도 차익의 10%도 안 된다는 점이다. 왜냐하면 양도세가 6억 원 초과분에 해당하는 양도 차익[양도 차익×(양도 가액 − 6억 원)/양도 가액]에만 과세되기 때문이다. 예를 들어 1주택(4억 9,000만 원에 취득)을 보유한 1세대가 10년 보유한 주택을 10억 원(연평균 주택 가격 상승률 8%로 가정)에 매각할 경우 양도세 부담은 3,800만 원, 즉 양도 차익의 7.5%밖에 되지 않는다. 양도 차익 5억 1,000만 원 중에서 4억 7,200만 원의 불로소득을 사유화할 수 있다는 것이다.[20] 실상이 이런데도, 6억 원이 넘는 1가구 1주택의 경우 양도세가 무서워서 팔고 이사 갈 수 없다고 할 수 있을까? 이것은 그야말로 엄살에 불과하다. 이런 수준의 양도세는 '동결 효과'라는 용어가 무색할 지경이다. 따라서 6억 이상의 1가구 1주택자가 양도세가 무서워서 집을 팔 수 없었던 것이 아니라, 정권이 바뀌면 종부세가 후퇴하고, 고가의 1가구 1주택 양도세도 완화될 것이라는 기대 때문에 보유하는 것으로 해석하는 것이 좀 더 정확하다

---

20 2008년 3월 21일에 양도세의 장기보유특별공제 부분이 종전의 45%에서 최고 80%까지 확대되는 것으로 바뀌었기 때문에 6억 이상의 1가구 1주택의 양도세 부담은 더 완화되었다.

고 할 것이다.

　마지막으로 '주택보유세 강화 → 주택 투자의 수익성 하락 → 주택 공급 위축 → 주택 가격 폭등'의 가능성이 있다는 비판은 지나친 감은 있지만, 완전히 틀린 말은 아니다. 왜냐하면 토지가 아니라 건물에 부과되는 보유세는 건물의 신축·개축·증축이라는 생산 활동에 부과되는 것이므로, 보유세가 미미할 때는 위와 같은 메커니즘이 작동하기 어렵지만 보유세가 점차 강화되면 상황은 달라질 수 있기 때문이다. 하지만 그렇다고 해서 주택 공급이 줄어든다고 단정적으로 말할 수 없다. 보유세가 주택에만 부담되는 것이 아니라 토지에도 부담되고, 토지분 보유세는 토지의 효율적 사용을 촉진해 주택 공급을 늘릴 수 있기 때문이다.

　그렇다면 어떻게 할 것인가? 단정하기 어려운 '보유세 강화 → 주택 공급 위축'론에 기대어 보유세를 후퇴시켜야 할까? 아마도 손재영 교수가 하고 싶은 말은 이것인 것 같다. 그러나 그것은 올바른 해법이 아니다. 보유세 강화를 유지하면서 주택 공급을 확대하는 더 좋은 방법이 있기 때문이다. 그것은 전술했던 것처럼 건물분 보유세를 토지분으로 이전하는 것이다. 이렇게 하면 투기 목적으로 시장에서 퇴장했던 토지들이 시장에 출하되어 택지로 공급되기 때문에 주택 공급이 더 늘어난다. 그리고 생산 활동의 결과인 건물에 보유세가 부과되지 않기 때문에 주택 공급이 한결 촉진된다. 하지만 희한하게도 손 교수의 발제문에서는 이런 주장이 발견되지 않는다.

한 가지 흥미로운 사실은 위와 같은 해법을 이미 그가 인용한 헨리 조지에서 찾을 수 있다는 점이다. 그는 헨리 조지의 "그렇다면 주택을 없애기를 바라지 않으면서 왜 세금을 부과합니까? 주택에 대한 세금은 주택에 대한 수요를 줄어들게 할 것입니다. 영국의 경우에는 오래된 집에는 '창문세'라는 것이 부과됩니다. 이 창문세는 오늘날 프랑스에서 시행이 되고 있는데 센서스 보고에 의하면 세금을 내지 않기 위해서 창문을 전혀 달지 않은 집이 20만 가구에 달한다고 합니다"(손재영 2006, 27에서 재인용)라는 인용문을 통해 주택에 대한 보유세가 주택 공급을 위축시킬 것이라는 주장을 했지만, 사실 여기서 헨리 조지가 언급한 '주택'은 토지가 아닌 '건물'이다. 건물에 세금을 부과하면 건물의 수요가 줄고, 그렇게 되면 당연히 건물의 공급도 줄어든다는 주장이다. 인간이 만든 일반 재화가 아니라 천부적 자원인 토지의 자연 가치에 세금을 부과해야 한다는 헨리 조지의 주장은 너무나 잘 알려져 있는 사실이다. 따라서 위 문장에서 헨리 조지는 건물이 아니라 토지에 과세해야 한다고 주장하는 것임을 쉽게 유추할 수 있다. 부동산을 연구하는 학자인 손재영 교수가 이것을 몰랐을까? 건물이 아니라 토지에 부과하는 세금은 건물(주택)을 짓는 데 아무 영향을 주지 않는다는 것, 더 나아가서 토지의 효율적 사용으로 더 많은 건물(주택)이 공급될 것이라는 것을 몰랐을까? 그렇지는 않을 것이다. 따라서 이것은 손재영 교수가 전체적인 맥락은 무시하고 자신에게 유리한 문구만 의도적으로 인용·편집한 것이라고밖에 할 수 없

## 토지공개념 주창자들은 노동가치론자다?

　토지공개념을 비판하는 학자들은 토지공개념 자체가 "오직 살아있는 노동만이 가치를 창출한다."는 노동가치론에 토대를 두고 있다고 비판한다(손재영 2007, 169). 다시 말해, 노동만이 부를 창출하는데, 토지에서 발생하는 이득은 불로소득이어서 환수해야 한다 한다고 보는 것이다. 하지만 이것은 허수아비 치기다. 오늘날의 토지공개념의 주창자들은 노동가치론에 바탕을 두고 토지 불로소득 환수를 주장하는 것이 아니다. 전술했듯이 토지 불로소득을 환수해야 한다고 주장하는 이유는 ① 토지는 인간이 만들 수 없고, 모든 사람이 똑같이 필요한 재화이기 때문이고, ② 토지에서 발생하는 이익은 개별 토지 소유자의 노력이 아니라 사회경제적 변화, 정부의 조치, 자연환경의 유리함에 의해서 발생하기 때문이며, ③ 토지 불로소득을 제외한 기타 불로소득의 사유화는 사회경제적으로 순기능이 있지만, 토지 불로소득의 사유화는 사회경제적 폐단만 낳기 때문이다. 예컨대, 상품을 통한 상품 불로소득, 주식을 통한 주식 불로소득 등을 사유화하게 되면, 상품의 공급이 증가하고 자금이 필요한 회사에 자금을 공급해 주는 사회 경제적 순기능이 있다. 하지만 토지 불로소득은 사유화한다고 해서 토지가 더 생기는 것도 아니고 투기가 발생하면 앞에서 설명한 각종 사회경제적 문제만 발생한다. 특히 토지 불로소득을 노리는 토지 투기가 발생했을 때, 토지가 없는 사람은 아무런 잘못도 하지 않았는데도 불구하고 막대한 피해를 입게 된다. 이런 이유로 토지공개념 주창자들은 '더 많은 토지 불로소득 환수, 더 많은 노력 소득 보장'을 주장하는 것이다. 요컨대, 토지공개념과 노동가치론과는 아무런 관련이 없다.

다. 다시 말해서, 이미 더 좋은 대안, 즉 주택 공급을 늘리면서 보유세를 강화하는 방안이 그 인용문 안에 있다는 것을 그가 의도적으로 외면했다고 볼 수 있다.


현진권 교수(아주대 경제학과)


현진권 교수가 보유세 강화를 비판하는 논리에는 문제가 많지만, 그중 가장 문제가 되는 주장 두 가지를 뽑으면 다음과 같다. 첫째, 우리나라의 보유세율이 낮은 것은 사실이지만 2005년 서울의 PIR이 8.8인 반면 2003년 미국 PIR이 2.7이기 때문에 우리나라의 보유세 실효세율을 1%로 올리면 세 부담 수준은 서울 시민이 미국 국민에 비해 3.3배에 달한다는 것, 둘째, 보유세는 전가되기 때문에 보유세 강화는 별로 실효성이 없을 뿐만 아니라 더 나아가서 전세 가격이나 매매가격을 올릴 수 있다는 것이다(현진권 2007). 이것을 하나하나 평가해 보자.

첫 번째 주장은, 주장 자체에 문제가 있음을 지적할 수 있다. 소득세가 아닌 부동산보유세의 부담을 논하면서 소득을 기준으로 삼는 것 자체가 적절하지 않다는 것이다. 부담 능력을 고려하기 위한 것이라면 소득뿐 아니라 다른 자산까지 고려해야 하지 않겠는가? 또한 소득을 기준으로 보유세를 비교한다고 하더라도 이 주장은 비교 자체가 잘못되어 있다. 현진권 교수는 우리나라의 전체 평균과 미국의 전체 평균을 비교하지 않고, 우리나라에서 PIR 지수가 가장 높은 서울과 도시와 농촌을 모두 고려한 미국 PIR과 비교했다. 서울을 미국과 비교하려면 서울과 유사한 미국의 대도시를 택해야 한다. 실제로 2007년 미국의 호놀룰루의 PIR 8.8, 로스앤젤레스 10.4, 마이애미 7.7, 뉴욕 9.3, 샌디에고 8.5와[21] 미국의 보유세 평균 실효세율이 1.54%를, 2007년 서울 강북권 PIR 7.9 강남권 12.3과 보유세 실효세율 0.3%와 비교해보면 결론은 정반대로 나타난다. 이것은 무슨 뜻인가? 우리나라의 보유세를 강화하는 것이 이상한 일이 아니라 지극히 정상적이다는 것을 의미한다. 요컨대, 현 교수는 한국의 PIR이 높기 때문에 보유세 강화가 잘못되었다는 주장을 뒷받침하기 위해서 미국과 비교했지만, 오히려 그 비교는 우리나라의 보유세 강화가 지극히 정상적이라는 사실을 말해 줄 뿐이다.

다음으로 보유세 전가 문제를 살펴보자. 그는 "참여정부 부동산 정책의 이론적 근거는 부동산 세제를 강화함으로써 부동산 가격을 낮출 수 있다는 믿음을 바탕으로 하고 있다"고 지적하면서, "이 모형의 가장 핵심적인 가정은 토지 공급이 완전 비탄력적이라는 것인데, 현실은 택지 개발, 그린벨트 해제 등을 통해 토지 공급은 전혀 비탄력적이지 않다"고 비판했다. 그러면서 그는, "현실적으로 보유세 강화는 실제 소유자에게 귀착되지 않고, 세입자나 주택 구입자들에게 일정 부분 전가될 수 있기" 때문에 "보유세 강화가 전세 가격 및 매매가격을 올릴 가능성도 충분히

---

21  http://www.housingtracker.net/affordability(2008년 6월 9일 조회).

있다"라고 주장했다(현진권 2007, 3-4). 그렇다면 현진권 교수가 주장하는 것처럼 토지 공급의 완전 비탄력성이라는 전제는 잘못된 것인가? 토지 공급의 탄력성 여부는 보는 관점에 따라 다를 수 있지만, 완전 비탄력적이라는 특성은 변하지 않는다. 이를 좀 더 자세히 살펴보자.

먼저 특정 지역의 관점에서 보면 토지는 완전 비탄력적이다. 현 교수가 말하는 것처럼 택지 개발이나 그린벨트 해제 등을 통해 택지의 공급량을 늘릴 수 있지만, 새로 공급된 토지는 특정 지역의 토지와 다르기 때문이다. 다시 말해서, 강남을 대체하기 위해서 판교의 농지를 택지로 전환해 택지 공급을 늘렸지만, 강남이라는 특정 지역의 공급은 불변이라는 것이다. 반면에 도시 용지라는 관점에서 보면 토지가 탄력성을 갖는다고 할 수 있다. 판교의 농지를 도시 용지로 바꾸면 도시 용지 전체는 늘어나기 때문이다. 그러나 이 경우에도 일반 재화와는 달리 도시 용지를 포함한 토지 전체의 양은 고정되어 있기 때문에 전체 토지의 관점에서 보면 완전 비탄력성은 유지된다. 농지였던 판교를 도시 용지로 바꾸는 대신 농지는 줄어들었고, 따라서 이를 종합해 보면 전체 토지의 양은 변화가 없기 때문이다. 토지의 이런 특성 때문에 토지 전체에 균일하게 부과하는 토지세는 전가할 수 없는 것이고, 앞서 언급한 노벨경제학상 수상자인 프랑코 모딜리아니, 로버트 솔로, 밀턴 프리드먼도 이런 관점에서 토지세의 효율성과 공평성을 극찬한 것이다.

하지만 현실에서는 토지세를 비례세로 하기 어려운 측면이 있기 때문에 일정 정도 전가된다고 할 수 있다. 그러나 이런 경우에도 현진권 교수가 말한 것처럼 주택의 "전세 가격 및 매매가격을 올릴 가능성"에 대해 크게 우려할 필요는 없다. 앞서 말한 것처럼 주택 시장의 임대료는 보유세의 전가를 통해서 오르내리는 것이 아니라, 다시 말해서 소유자의 의지에 따라 좌우되는 것이 아니라 주택임대 시장의 수요와 공급의 변화에 따라 이루어진다.[22] 물론 보유세를 강화하게 되면 주택 보유자가 임대주택을 매매 시장에 내놓는 등의 이유로 임대주택의 공급이 줄어들어 일시적으로 전세 가격이 상승할 수는 있지만 경험적으로 전세 시장은 실거주 수요를 반영하기 때문에 적정 공급량만 유지된다면 급격한 가격 상승은 있을 수 없다.[23] 그리고 매매가는 토지세만큼(정확히 말하면 토지세가 자본화된 부분만큼) 하락하지 않고, 그것보다 덜 하락할 수는 있어도 현 교수가 주장한 것처럼 올라갈 수는 없다. 따라서 현 교수의 주장은 틀린 것이다. 요컨대, 현진권 교수의 보유세 강화 비판론은 경제학적 이론으로 보나, 현실을 감안하거나 상당한 오류가 내포되어 있다고 할 수 있다.

---

22 이 부분은 3장 2절을 참조하라.
23 그리고 '조세 전가'라는 것은 세금이 부과되었을 때 부과 대상의 공급량이 줄어들어 가격이 상승하는 것을 말할 때 사용되는데, (토지)보유세 강화는 주택 재고의 양을 변화시키는 것이 아니라 임대주택과 매매주택의 구성비에 영향을 주는 것이기 때문에 (토지)보유세를 통해서 전세 가격의 전가를 설명하는 것은 부적합하다고 할 수 있다.

# 5장. 꼭 지켜야 할 세금, 종합부동산세


## 1 부동산 문제 해결의 첫걸음, 종부세를 지키자


가계 자산의 80%가 부동산에 잠긴 나라에서, 부동산 문제에 대해 도덕적인 사고를 기대하는 것은 무리다. 모든 국민들이 남들의 부동산 투기를 비난하면서도, 손해를 보지 않기 위해, 또 기왕이면 조금 더 이익이 될 수 있는 기회를 찾아 나름대로 행동하고 있다고 해도 과언이 아니다. 정부가 하는 말은 믿을 수도 없고, 믿어서도 안 된다는 학습 효과가 몸에 배어 있다. 부동산 가격이 조금만 올라도 여론이 들끓지만 가격이 내리면 경기 부양이라는 명목하에 투기 억제 정책들이 이전의 상태로 돌아오곤 했으니, 국민이 "부동산은 언제나 불패다"라는 생각을 하게 된 것도 무리가 아니다.

그러나 이런 과정을 수차례 반복하면서, 우리나라의 부동산 가격은 세계 최고 수준이 되어 버렸다. 이제 부동산은 누구도 다루기 어려운 공룡이 되어 국민경제를 위협하는 지경이다. 심지어 누가 봐도 사기극인 뉴타운 공약이 표심을 좌우하기도 했다. 부동산 광고가 20% 이상이나 되는 주류 언론들은 매일매일 부동산 가격을 생중계하면서 투기 기법을 가르치고 있다. 자칭 전문가라는 사람들은 부동산 값이 오르기를 바라는지, 안정되기를 바라는지 아리송한 진단으로 국민을 현혹한다. 주류 신문의 칼럼란을 독점하고 있는 자칭 시장주의자들, 즉 부동산 시장 만능주의자들의 요구는 간단하다. 수요에 비해 공급이 부족해 부동산 가격이 오르니 공급을 늘리고, 공급에 방해가 되는 개발이익 환수 장치나 강한 세제는 없애라는 것이다. 심지어 "능력되는 만큼만 세금을 내도록 하라"는 요구까지 한다. 그러나 그 수요라는 것이 초과 이익을 기대한 가수요일 수도 있다는 점은 아무도 말하지 않는다.

이렇게 우리는 부동산 문제에 대해 무엇이 진실인지 알기 어려운 정글 속에 들어와 있다. 이제 정부의 엄포나 도덕률로는 해결할 수 없는 단계인 것이다. 국민들의 행동 양식이 저절로 선해질 수 있는 사회적 규범과 제도가 필요하다. 따라서 이제 우리 사회는 투기가 잘못되었다는 '도덕'을 담을 수 있는 '제도'를 만드는 방향으로 가야 한다. 투기하는 사람을 비난할 것이 아니라, 제도적으로 투기를 근절하고 노력 소득을 더 많이 보장해 경제를 활성화하는 정책을 만들어 시행해야 하는 것이다. 부동산 불로소득을 환수하는 보유세 현실화가 바로 이런 정책의 출발점이고, 종부세는 보유세 현실화의 첫걸음이다.

종부세는 비싼 부동산을 가진 사람들에 대한 질투의 세금이 아니다. 터무니없이 낮았던 보유세, 지역에 따라 들쭉날쭉이었던 보유세를 정상화하는 과정에서 탄생한 한국형 정책이다. 지자체에 맡겨 두어서는 보유세를 정상화하는 것이 불가능했기 때문에, 중앙정부가 일정 부분 그 역할을 담당한 것뿐이다. 더구나 종부세는 전액 지자체로 되돌려 주는 '지방세형 국세'다. 서울시에서도 강남권에서 거둔 세금을 강북에 나눠 주는 공동세 제도가 한나라당의 찬성으로 시행되고 있지 않은가? 또한 2005년에는 한나라당 스스로 종부세를 강화하는 대책을 제시했고, 8·31정책 입법은 다수의 한나라당 의원들이 찬성했다.

비록 종부세가 도입됐음에도 불구하고, 아직도 우리나라의 보유세 실효세율은 미미한 수준이다. 세금 폭탄이라고 했지만 시가 12억 원 정도의 주택에 대한 실효세율이 0.5% 수준이다. 물론 "내가 부동산 가격을 올려달라고 했느냐"는 항변도 있을 것이다. 소득 없는 고령자에게서 "이사 가라는 말이냐?"라는 불만도 터질 법하다. 워낙 오랫동안 보유세가 별 부담이 안 되다가 불과 5년 사이에 급격히 현실화되었기 때문이다. 이 경우는 납부 유예라는 대안이 있다. 매매, 증여, 상속 시에 밀린 세금을 내는 방식이다. 혹은 주택을 담보로 연금을 받는 역모기지 제도를 활성화하는 것도 방법이다.

보유세가 현실화되면, 능력에 맞지 않는 부동산을 무리하게 가질 일이 없어진다. 또한 능력이 되는 사람들이 비싼 부동산을 갖고 있다면, 가격이 오르든 내리든 정부가 관여할 일이 아니다. 선진국에서 부동산 가격이 폭등해도 정부가 상당한 여유를 가질 수 있는 이유 중 하나는, "비싼 부동산에는 그에 상응하는 세금을 내는" 제도화가 되어 있기 때문이다. 즉, 그리 배 아파할 일이 아니라는 말이다. 이렇게 보면, 자칭 보수 언론들이 집요하게 말하는 "정부는 강남에서 손 떼라"는 요구를 실천하기 위한 가장 좋은 방법이 바로 종부세라는 것을 알 수 있다.

종부세는 이제 막 효과를 거두기 시작했다. 무리해서라도 대출을 받아 비싼 집을 구입한 사람들이 보유세의 위력을 체감하면서 매물을 내놓고 있다. 최근 강남권의 하향 안정세를 주도하고 있는 것은 단연 종부세의 효과다. 합리적인 주택 소비가 현실화되고 있는 것이다. 물론 이런 상황에 이르기까지 급격했던 변화에 불만이 많은 사람들도 있을 것이다. 그러나 종부세가 더 많은 세수를 거두는 데 목적이 있는 것이 아니기 때문에, 국민들이 체감할 만한 다른 세금의 감면이 따른다면 사회적 합의 수준은 더 높아질 것이다. 바로 이것이 모든 국민이 바라는 것, 즉 '부동산 투기를 막고 경제를 활성화하는 최선의 방안'이다.

그러나 최근 상황은 위태롭기 그지없다. 종부세를 대표적인 노무현 정부 정책으로 보면서, "노무현만 아니면 된다"는 식의 청산주의 열풍이 불고 있는 것이다. 이 제도를 지키고 발전시켜야 할 주무장관이 자신도 피해자라는 식의 불만을 털어놓는가 하면, 2% 부동산 부자들만의 눈치를 보는 한나라당은 아예 종부세를 없앨 작심을 한 것처럼 보인다. 만

약 종부세의 적용 기준을 높이거나, 세대별 합산을 인별 합산으로 변경하거나, 1가구 1주택자에 대해 감면한다면 어떤 일이 벌어질까?

가장 먼저 나타날 것은 고가 부동산 가격의 급격한 상승이다. 이는 곧 부동산 불패 학습 효과를 재확인하는 것이고, 버티면 된다는 믿음을 공고하게 할 것이다. 소위 '강·부·자' 내각으로 비난받는 이명박 정부에 대한 국민의 평가가 어떻게 될 것인지는 굳이 일러줄 필요가 없을 것이다. 또한 가뜩이나 대외 여건이 어려운 마당에 꺼지고 있던 부동산 버블을 되살려 국민경제를 회복하기 어려운 지경으로 몰고 갈 가능성도 배제할 수 없다.

나아가 종부세 완화는 우리 사회가 애써 거둔 진보의 성과를 무산시키는 것이나 마찬가지다. 우리 사회는 20여 년 전부터 보유세 강화를 사회적 목표로 삼아왔으나 번번이 좌절한 바 있다. 소위 '장바구니 세'라는 여론이 무서웠기 때문이다. 그러나 보유세 5만 원 이하 가구가 60%를 넘는 상황에서, 보유세 강화를 서민들의 고통으로 연결하는 것은 대국민 사기극에 불과하다. 서민들의 피해를 볼모로 기득권층의 이익을 관철하는 것일 뿐이다.

종부세는 보유세 정상화의 효과적인 방편이다. 이 성과를 기초로, 보유세를 강화하되 다른 세금을 경감하는 방향의 세제개선이 계속 이루어져야 한다. 또한 종부세는 부동산의 합리적 소유와 활용을 촉진하는 가장 확실한 수단이다. 구호나 호소가 아닌, 사회 전체가 의지할 수 있는 제도인 것이다.


## 2 종부세를 포함한 보유세 제도, 개선의 여지는 없는가?


　물론 종부세가 완벽한 세금은 아니다. 이상적인 토지보유세의 조건에 부합하지 않는 면이 있다. 그래서 여기서는 종부세를 좀 더 이상에 부합하는 세금으로 만들기 위한 방안을 소개하고자 한다.

　단, 그동안 종부세를 개선한다는 미명하에 제도의 근간을 허물려는 시도가 너무나 많았기 때문에 이런 제안을 하기가 망설여지는 것이 사실이다. 따라서 이 개선 방안은 다음과 같은 전제 조건이 충족되지 않을 경우 추진되어서는 안 된다.

　정부가 종부세 제도를 개선하려고 한다면, 먼저 제도의 근간을 허물려는 의도가 없음을 확실하게 천명해야 한다. 구체적으로 말하자면, 보유세 강화 정책을 지속하겠다는 입장을 분명하게 밝히는 동시에 보유세 강화의 장기 목표를 확실하게 제시해야 한다. 장기 목표는 적어도 노무현 정부가 밝힌 수준(2017년까지 전체 평균 실효세율 0.61%, 종부세 대상자의 경우 평균 실효세율 2009년까지 0.89%)을 넘어서는 것이라야 의미가 있을 것이다. 그리고 종부세와 재산세의 이원적 구조는 유지해야 한다.

현행 보유세 제도를 좀 더 이상적인 내용으로 개편하려면 다음과 같이 할 필요가 있다.[24]

첫째, 종부세와 재산세 모두 토지보유세로 전환하는 것이 바람직하다. 노벨경제학상 수상자 비크리William Vickrey에 의하면, 부동산보유세는 최선의 세금 중 하나(토지보유세)와 최악의 세금 중 하나(건물보유세)가 결합된 세금이다. 보유세가 미미한 상황에서는 토지와 건물의 구분이 별 의미가 없는 것처럼 보이지만, 보유세를 강화해 갈수록 건물보유세 강화의 부작용이 나타날 것이다. 건물보유세 강화는 건물의 신축·개조를 억제하는 효율성 침해 문제를 야기할 뿐 아니라, 토지 가치는 높은데 건물가치는 낮은 아파트와, 반대로 토지 가치는 낮은데 건물가치가 높은 아파트를 동일하게 취급하는 새로운 형태의 불공평을 낳을 수 있다.

둘째, 보유세 강화 정책을 추진할 때 다른 세금을 감면하거나 복지 비용을 지출하는 패키지형 방식을 준수할 필요가 있으며 그 사실을 국민에게 잘 홍보해야 한다. 세금을 올리는 것이 아니라 조세 구조를 바꾸는 것이 주목적이라는 사실을 국민이 인식하는 것이 중요하다. 이때 패키지로 연결할 세금을 반드시 거래세로 한정할 필요는 없다. 부동산 거래세인 취득세와 등록세는 지방자치단체의 세수에서 큰 비중을 차지하므로 그보다는 세수 감소폭이 적은 다른 세금을 감면하는 것이 바람직할 수도 있다. 이명박 정부가 밝힌 거래세 세율을 1%로 인하하겠다는 방침

---

24 현행 보유세 제도의 개편 방안에 관해서는 전강수(2008)도 참조하라.

은 세수 감소폭이 과도해서 문제다.

보유세 강화를 강화하는 대신 다른 세금을 감면하는 패키지형 세제 개편은 현 정부와 여당의 구호인 "줄푸세"(세금과 정부 규모를 '줄'이고, 불필요한 규제를 '풀'고, 법질서를 '세'우자) 정신과도 정확히 부합한다. 보유세를 강화하면 불로소득이 환수되므로 부동산에 대한 규제가 거의 불필요해지기 때문에 '푸'를 문제없이 이룰 수 있다. 더구나 경제에 부담을 주는 다른 세금을 토지보유세 수입이 늘어나는 만큼 줄여 주면 경제의 체질이 개선되고, 그렇게 되면 정부 수입을 유지하면서도 경제에 주는 다른 세금을 줄일 수 있어 '줄'도 달성할 수 있다"(김윤상 2008).

마지막으로 토지세의 과표는 제도적 여건이 마련되면 지가land price에서 지대rent로 바꾸는 것이 바람직하다(김윤상 2002, 153-154). 과세표준은 다른 이유가 없다면 현재의 경제 상황을 정확히 반영하는 것으로 삼는 것이 좋기 때문이다. 지가는 이자율, 투기적 분위기 등의 경제적 변수에 민감하다. 이자율이 내려가면 지가가 올라가고, 토지 가격 상승에 대한 기대나 투기적 분위기가 있으면 지가는 상승한다. 반대의 경우도 마찬가지다. 예를 들어 개발이 예정되어 있거나 개발될 것이라는 소문이 돌면, 현재의 토지 가치인 지대에는 아무 변화가 없어도 지가는 천정부지로 오르게 된다. 이런 측면에서 보면 지가는 불안정하다. 미래에 대한 예측에 따라 과표가 달라지기 때문이다. 반면에 지대는 당해 연도의 경제 상황과 사회로부터 받는 서비스의 총량을 정확히 반영하고 있고, 이자율과 투기적 분위기에 별로 영향을 받지 않는다. 또한 인간 인식의 한계를 고려하더라도 지가보다는 지대를 과표로 삼는 것이 낫다. 지가는 미래의 지대를 현재의 시점으로 할인해서 더한 것인데, 인간의 한계로 미래의 지대를 예측하는 것은 불가능하다는 것이다. 반면에 지대는 그렇지 않다. 본래 지대는 일정기간의 임대료를 의미하기 때문에, 인간의 미래에 대한 예측 불가능과는 무관하다. 따라서 이런 이론적 이유를 고려한다면 지대를 과표로 삼는 것이 좋다고 할 수 있다.

# 참고문헌

강만수. "두 얼굴의 '땅'." 『중앙일보』(1997/03/05).

국세청. 각 연도. 『국세통계연보』.

─────. 2007. "종합부동산세 신고안내문 발송." 보도자료(11/30)

국정브리핑특별기획팀. 2007. 『대한민국 부동산 40년』. 한스미디어.

국정브리핑. 2007. "누구를 위한 부동산 세제 흔들기인가"(9/18)

김경환. 2004. "종합부동산세 도입과 부동산 세제 개편." 『공공경제』 제9권.

─────. 2005. "보유세 올리면 집값 내릴까." 『중앙일보』(2005/08/19).

─────. 2007. "주택 관련 세제의 개편 방안." 『감정평가연구』 제17집 제2호.

김윤상. 2002. 『토지정책론』. 한국학술정보.

─────. 2006. 『알기 쉬운 토지공개념』. 경북대학교 출판부.

─────. 2008. "'강부자' 청와대에 드리는 조언." 『한겨레』(2008/04/28).

김정호. 2005. 『왜 우리는 비싼 땅에서 비좁게 살까』. 삼성경제연구소.

노영훈. 2004. 『토지세 강화 정책의 경제적 효과: 종합토지세를 중심으로』. 조세연구원.

─────. 2007. 『부동산 시장과 부동산 조세정책』. 조세연구원.

─────. 2008. "부동산 조세정책 바꾸면 안 되겠니?" 『주간동아』 628호.(3/25).

노영훈·김현숙. 2005. 『소득과 주택 자산 소유분포에 관한 연구』. 조세연구원.

민주언론시민연합. 2006. "주요 3대 언론 부동산 보도 분석 비평: 1년 동안 '세금 폭탄
·공급 확대·규제 완화'만 외친 조중동."

손낙구. 2005. 『통계로 보는 부동산 투기와 한국 경제』. 진보정치연구소 연구보고서.

손재영. 2006. "참여정부의 부동산 정책, 무엇이 문제인가" 선진화재단 발제문.

─────. 2007. "우리나라 부동산 문제 해결을 위한 정책 과제." 한국재정학회·한국응
용경제학회 공동 정책 세미나 자료집.

이은진. 1993. "국가의 계급성: 1989년 토지공개념 입법과정에서 나타난 독점자본의
위기 의식의 내용." 『사회과학연구』 제5집, 경남대학교 사회과학연구소.

이정우. 2002. "한국의 토지문제: 진단과 처방." 이정우 외. 『헨리 조지 100년 만에 다
시 보다』. 경북대학교 출판부.

이정전 외. 2005. 『국가균형발전을 위한 토지정책 방향 연구』. 한국토지공사.

─── . 2006. 『토지문제의 올바른 이해』. 박영사.

이창희. 2008. 『세법강의』. 박영사.

전강수. 2007. "부동산 정책의 역사와 시장친화적 토지공개념." 『사회경제평론』 제 29(1)호. 한국 사회경제학회.

─── . 2008. "인수위의 부동산 정책 평가와 이명박 정부의 과제." 토지정의시민연대, 토지+자유 연구소 공동 주최 정책 토론회 발제문.

전강수·한동근. 2002. 『토지를 중심으로 본 경제이야기』. CUP.

한국은행. 2005. "보도자료: 主要國의 부동산 稅制 비교"(9/15).

행정자치부. 각 연도. 『지방세정연감』.

현진권. 2007. "부동산 세금 폭탄으로는 부동산 가격을 잡을 수 없다." 바른사회시민회의 정책토론회 자료.

OECD. 2004. *Revenue Statistics*.

─── . 2005. *Revenue Statistics*.